AF452089

LES
ÉTUDES PRÉHISTORIQUES

ET

LA LIBRE-PENSÉE

DEVANT LA FOI NO...

—

RÉPONSE À M. G. DE MORTILLET

Par F. CHABAS

Correspondant de l'Institut de France ,

Membre de l'Académie Royale Néerlandaise ;
— de l'Institut de Correspondance Archéologique de Rome ,
— de l'Académie d'Archéologie de Belgique ,
— de l'Institut Égyptien d'Alexandrie ,
— de la Société Royale de Littérature et de la Société d'Archéologie Biblique
    de Londres ,
— de l'Académie des Sciences, Belles-Lettres et Arts de Lyon ;
— de la Société philosophique Américaine de Philadelphie ;
— de la Société Nationale des Antiquaires de France ,
— des Sociétés Archéologiques de Chalon-sur-Saône et de Langres.

PARIS
MAISONNEUVE ET Cie
... quai Voltaire

CHALON-SUR-SAONE
L. DEJUSSIEU
...

1875

Études préhistoriques et la Libre-Pensée

DEVANT LA SCIENCE

RÉPONSE A M. G. DE MORTILLET

I

MONSIEUR,

En août 1872 j'ai publié un ouvrage intitulé : *Études sur l'antiquité historique d'après les sources égyptiennes et les monuments réputés préhistoriques.* Cet ouvrage, tiré au nombre habituel de mes autres livres, a été épuisé très rapidement. Une seconde édition en a été préparée aussitôt, et a été mise en vente juste une année après la première.

Vous venez de consacrer à ce livre une critique acerbe [1] ; vous affirmez qu'il fourmille d'erreurs, et vous vous demandez si l'on peut ajouter foi à un ouvrage qui contient autant d'erreurs et surtout de fausses appréciations que celui de M. Chabas. Vous prenez du reste vos précautions pour que votre épithète de *fausses* ait toute sa portée ! Vous invoquez les avis des observateurs compétents, et vous exprimez l'opinion que je ne suis pas du nombre.

C'est au nom de la libre-pensée et contre l'orthodoxie que

[1] *Les Études préhistoriques devant l'orthodoxie*, in 8°. — Paris, E. LEROUX, éditeur, 1875. — Prix 50 centimes.

vous prenez la plume ; on le voit par le titre de votre article, qui s'adresse en même temps à deux autres auteurs, un religieux de l'Oratoire et un pasteur, au milieu desquels vous m'encadrez, en me désignant par celui de mes titres qui répondait le mieux à votre but, celui de *Membre de la Société d'Archéologie biblique de Londres.*

Ce n'est point moi, Monsieur, qui jetterai le moindre doute sur l'étendue de votre science. Vous avez été choisi par le gouvernement pour occuper un poste important ; et ce choix, honorable pour vous, n'est certainement pas dû à une partialité de nos Ministres en faveur des doctrines avancées dont vous êtes l'apôtre déterminé. C'est votre savoir qui a été récompensé ; je me plais à le reconnaître.

Vous n'ignorez donc certainement pas ce qu'est la Société d'Archéologie biblique de Londres, qui occupe aujourd'hui un rang si honorable parmi les corps savants de l'Europe. Mais le public, en général, l'ignore ; il verra surtout le mot *biblique*, et, me trouvant nommé entre deux ecclésiastiques, ne manquera pas de me taxer au moins de congréganisme. Si tel n'est pas le but que vous avez voulu atteindre, vous nous expliquerez sans doute un jour pour quel motif, puisque vous ne vouliez citer qu'un seul de mes titres, vous n'avez pas choisi celui que je dois placer en première ligne et qu'amis et adversaires ne négligent jamais de me donner : celui de Correspondant de l'Institut de France.

II

Je ne vous demanderai pas d'expliquer pour quel motif vous avez donné une analyse si incomplète de mon livre. Il sera plus simple pour moi d'en résumer ici le sommaire.

Frappé de l'assurance avec laquelle les disciples de votre école tranchent les questions d'histoire et de chronologie (j'en ai, je crois, cité quelques bons exemples), j'ai cherché à déterminer, d'une part, les limites les plus reculées de la véritable histoire, et, d'autre part, les points de contact entre l'histoire et ce que vous appelez la préhistoire (âges de pierre, de bronze et de fer).

A l'aide des monuments égyptiens, à propos desquels vous voulez bien ne pas décliner ma compétence, j'ai pu reculer les limites de la civilisation historique jusqu'au 40ᵉ siècle avant notre ère, sans faire un pas dans le domaine de la mythologie. Puis, j'ai montré l'antiquité de l'usage des métaux sur les rives du Nil, et la variété de leurs emplois comme outils aux époques les plus reculées.

Ensuite j'ai recherché les plus anciens rapports de l'Égypte avec les autres nations, et tout particulièrement avec les peuples des îles et des rivages de la Méditerranée. J'ai rappelé que la navigation sur cette mer était considérée sous les Ramsès (14ᵉ et 15ᵉ siècle avant notre ère) comme remontant à l'époque fabuleuse de la guerre d'Horus contre Set. Mais, en m'en tenant à l'histoire, j'ai pu montrer les *îles de la Méditerranée* mentionnées sur un papyrus écrit à l'époque de la XIIᵉ dynastie, qui raconte une histoire du règne de Nebkara, le quinzième roi de la longue liste d'Abydos; il n'est guère possible de croire ce pharaon de beaucoup postérieur au 35ᵉ siècle avant notre ère. Un monument atteste que Sonkhkara (25ᵉ siècle avant notre ère) avait fait faiblir les Hanebou; tel était le nom que les Égyptiens donnaient aux peuples européens, et surtout aux Grecs.

Vers le 18ᵉ siècle avant notre ère, les pharaons avaient des fonctionnaires spéciaux chargés de leurs relations avec les peuples des îles de la Méditerranée; ils commerçaient alors avec tout le pourtour de cette mer, et ce pourtour avait un nom spécial en hiéroglyphes : *le pourtour du grand circuit*, ce qui démontre que le périple de la Méditerranée était dès lors assez habituel à la marine égyptienne. Les textes parlent de plusieurs groupes d'îles, et, en particulier, de celles qui sont dites *îles du milieu de la mer*, et qui sont ainsi distinguées des *oræ maritimæ*.

Sous Ramsès II et sous Meneptah I (XIVᵉ et XVᵉ siècle avant notre ère), aux dénominations générales jusqu'alors usitées pour désigner les peuples du Nord par rapport à l'Égypte, viennent s'ajouter les noms de plusieurs peuples européens : Sardes, Étrusques, Sicules, Achaïens et Lyciens. Dans le siècle suivant apparaissent les Pélasges, les Dauniens et les Osces. J'ai expliqué dans mon livre les textes et les scènes monumentales qui nous montrent ces nations en guerre avec l'Égypte ou devenues les alliées ou les mercenaires des pharaons à une époque bien antérieure aux relations qui les concernent dans l'histoire classique. C'est là, je n'ai pas besoin de vous l'apprendre, un fait de la plus haute importance. Vous n'ignorez pas non plus qu'il ne s'agit pas ici d'identifications dues à de simples rapprochements phonétiques, tels que ceux qu'affectionnent si particulièrement les adeptes passionnés de la philologie comparée, mais à la traduction de longs textes historiques, à l'étude des physionomies, des costumes et des coiffures caractéristiques, des armes, des vaisseaux, etc., etc. Avant que ces renseignements fussent à la disposition des égyptologues, on a fait, hélas ! appel aux ressources purement linguistiques, et les Sicules ont été rapprochés des Σαγαρτιοι, les Dauniens des Θαμανιοι et les Osces des Ουτιοι. Mais, à peine eut-on sous les yeux la grande inscription de Médinet-Abou, que la lumière fut faite, et que M. le vicomte de Rougé la proclama dans un Mémoire qui reste comme un des meilleurs titres de ce savant éminent.

Les textes égyptiens nous donnent ici des renseignements précis, que nous chercherions vainement ailleurs ; ils nous fournissent aussi les premiers indices du commerce des Phéniciens avec l'Égypte, d'une part, et les peuples de la Méditerranée, de l'autre. Vous savez qu'on possède dans des monuments du 17ᵉ siècle avant notre ère de très beaux dessins représentant des présents ou tributs apportés en Égypte par les Phéniciens et leurs alliés, et consistant en objets fabriqués avec des métaux précieux, en vases décorés de têtes de gazelles, en rhytons, en larges cratères dont les bords sont incrustés de grandes fleurs bleues, en aiguières d'or et d'argent, en une grande variété de vases plus ordinaires, etc., etc. Evidemment, ce commerce n'en était point alors à ses débuts ; si nous n'en trouvons pas de traces monumentales plus antiques, ce qui n'a rien de surprenant, nous savons du moins que, dix-huit siècles plus loin dans le passé, les Égyptiens étaient renseignés sur les îles de la Méditerranée, qu'ils n'ont pu connaître que par le moyen de leur navigation sur cette mer. On voit par là que les tributs des rois de Tharshish et des îles, mentionnés par le Psaume 72, remontent à une date énormément reculée. Ces relations commerciales durèrent très longtemps. Au huitième siècle avant notre ère, les gens pressés de fuir trouvaient à Joppé des vaisseaux en charge pour Tharshish.

De ces faits, dont les preuves sont saisissables pour tous, il est bien établi que les peuples des îles et du littoral de la Méditerranée ont pu avoir, il y a plus de 50 siècles, des contacts avec les Égyptiens, et par conséquent apprendre à connaître tous les métaux, y compris le fer. Pendant une période qui a été de longue durée sans doute, les expéditions de la marine des pharaons dans cette direction n'ont peut-être pas été fréquentes; un petit nombre de ports auront donné asile à leurs vaisseaux, et par suite la connaissance et surtout la possession des outils et des armes de métal ont pu ne se développer qu'avec lenteur. Mais il est certain que 10 ou 15 siècles plus tard, certaines parties du littoral méridional de l'Europe, le Péloponèse, la Grande-Grèce, l'Étrurie, la Ligurie, l'Espagne et les îles voisines, étaient déjà dans un état de civilisation relativement avancé et en possession des métaux.

Ayant ainsi déterminé la date possible de l'introduction des métaux en Europe, j'ai recherché dans un chapitre spécial les traces historiques de l'emploi des outils de pierre et d'os à des époques où les métaux étaient vulgairement connus. Des faits que j'ai cités, tels que l'usage des flèches de silex à tranchants droits à une époque presque récente de l'histoire d'Égypte; l'inscription hiéroglyphique gravée sur un couteau de pierre polie; le silex encore employé comme rasoir; le creusement des mines de Wadi-Magharah avec la pointerolle de silex, etc., etc., il est aisé de conclure que la vulgarisation du métal et de ses emplois n'avait pas extirpé complétement l'usage de la pierre.

Dans deux chapitres consécutifs j'ai réuni, d'une part,

ce que les Égyptiens savaient du chameau, qui n'est presque
jamais ni figuré sur leurs monuments, ni nommé dans les
hiéroglyphes, et d'autre part, les emplois divers qu'ils fai-
saient du cheval. Cette étude rentre dans le plan de mon
ouvrage en ce qu'elle montre que les preuves négatives
tirées du silence des textes égyptiens n'ont qu'une valeur
fort mince. Les Égyptiens ont pu connaître des animaux
qu'ils n'ont pas représentés [1], quoiqu'ils aient représenté
des monstres imaginaires.

Enfin, dans le dernier chapitre de mon livre, j'ai traité
des résultats acquis par les découvertes faites dans les gisements réputés préhistoriques, et discuté les traces historiques
de l'existence d'un âge de pierre. Je conclus de cette étude
que ni la Bible ni aucun historien ne nous parlent d'une
époque de ce genre; mais je conviens aussi que le silence
de l'histoire ne peut jamais être invoqué comme un témoignage démonstratif.

Puis j'étudie les stations dites de la pierre polie, principalement celles des bords de la Saône, qui se développent
sur une grande partie des berges de cette rivière, à un
niveau moyen de 1^m 50 en contre-bas du niveau actuel du
sol. Les dépôts romains sont parfois presque en contact
avec la couche néolithique, parfois aussi ils remontent
jusqu'à 40 c. au-dessous du niveau des berges. Quoique
l'irrégularité des dépôts ne permette pas de chiffrer avec
certitude l'échelle des accroissements séculaires, il est per-
mis de penser qu'en calculant par milliers d'années on doit
arriver à une approximation raisonnable. Or, on peut partir
de ce fait, que les dépôts romains coupent à peu près en
deux parties égales l'épaisseur des alluvions que la Saône a
déposées depuis le premier gisement de silex travaillés jusqu'à
nos jours. Si l'accroissement périodique a suivi une marche
semblable dans les deux périodes, aux 1500 ans de date
moyenne de l'époque romaine dans nos localités, il faut
ajouter 1500 ans pour arriver aux plus anciens dépôts de la

1 Telle est l'opinion qu'exprime Wilkinson d'après l'étude des monuments
et des lieux, mais sans recourir aux textes.

pierre polie, qui remonteraient ainsi à 3000 années. Mais l'accroissement des alluvions est en raison directe de la fréquence des inondations, et les inondations étaient forcément plus fréquentes lorsque les berges étaient moins élevées. Notre résultat de 3000 ans semble donc devoir subir une réduction. Un autre mode de calcul, que j'ai proposé dans mon livre, donne aussi un résultat moindre. Mais nous ne pouvons nous promettre d'arriver à une exactitude mathématique. Que l'on admette, si l'on veut, trente-cinq siècles, ce qui me paraît invraisemblable, nous ne serons pas pour cela rejetés hors des limites de l'histoire, et l'âge de pierre, en Bourgogne du moins, n'exigera nulle modification de nos idées classiques sur la chronologie, en tant qu'il s'agit de la période pendant laquelle la hachette polie et les flèches à ailerons étaient d'usage habituel.

Dans mon examen de celles des stations à silex dans lesquelles on ne rencontre pas de hachettes polies, ni de flèches à ailerons, je montre que la ressemblance s'établit par d'autres points, en particulier par les grattoirs, outils de travail délicat, dont les gisements archéologiques de Charbonnières, de Solutré, de Germolles, etc., m'ont offert des spécimens que ne dépassent pas en perfection les plus belles pièces de ce genre provenant du camp de Chassey, station qui a fourni, en nombre formidable, les plus magnifiques échantillons de flèches de silex à taille fine, et la plus grande variété de haches polies avec leurs manches en bois de cerf. Entre les jolis petits instruments éclatés à plusieurs enlevages, provenant du Périgord, et les objets analogues trouvés sur les bords de la Saône, où il ne faut pas chercher de silex de spécialité paléolithique, il y a aussi une ressemblance frappante. Quant aux types réputés caractéristiques de la Somme et du Moustier, je les ai trouvés à Charbonnières sur les berges du Biétors, à coté des beaux grattoirs dont je viens de parler; je les ai trouvés aussi à Neuzy, au milieu de silex attribués à la pierre polie, à Solutré avec les belles lances de cette localité célèbre, au camp de Rollanpont avec des flèches à ailerons, etc., etc.

En ce qui touche les flèches à ailerons, je n'en ai jamais

rencontré dans les stations dites paléolithiques; mais je possède, de Solutré, des flèches d'un travail tout aussi délicat, avec élargissement à la base et pédoncule; je crois que le modèle à ailerons est une imitation des flèches de métal; mais il restait peu de chose à faire pour amener à ce type celui que je viens de décrire; un éclatement capricieux du silex sous le percuteur a pu y conduire tout naturellement.

Je concluais de ces observations et de beaucoup d'autres énumérées dans mon livre, qu'il n'est en aucune manière nécessaire d'admettre un long intervalle entre deux époques qui ont tant de points d'analogie. Je faisais de plus ressortir ce fait, que l'homme de la période dite paléolithique n'apparaît en aucune manière inférieur en adresse et en intelligence à celui des temps de la hache polie. Mais, si l'on prend en considération les œuvres artistiques du premier, on serait plutôt tenté de changer en supériorité l'infériorité prétendue, sans laquelle il est bien difficile d'échafauder la théorie du progrès purement naturel qui aurait amené l'homme de l'état de la brute à celui d'être raisonnable. Non seulement les Troglodytes du Périgord, les chasseurs de mammouth et de rennes de Solutré, de Germolles, de Rully, etc. (je ne parle ici que de ce que j'ai vu de mes propres yeux) pratiquaient le polissage sur l'os, l'ivoire, la corne, et l'essayaient  même sur le silex , mais de plus on a trouvé sur bien des points des spécimens de leur habileté comme sculpteurs et graveurs, et nous avons d'eux des œuvres sur lesquelles d'autres que moi ont déjà suffisamment répandu leurs témoignages d'admiration. Certains calculs cranioscopiques (vous savez que j'ai peu de confiance dans ces sortes de données) établiraient que la capacité cérébrale des hommes de la Vézère arrivait à dépasser la moyenne de la mesure des populations actuelles de l'Europe. Aussi, un écrivain de mérite a-t-il pu affirmer tout dernièrement que ['homme primitif était en possession d'une intelligence au moins égale à la nôtre. Si cet écrivain s'est trompé, vous m'accorderez bien que ni moi ni mon livre ne sommes pour rien dans son erreur.

La seule circonstance qui soit de nature à entraîner l'idée
d'une antiquité un peu reculée, c'est la coexistence avec
l'homme, dans nos climats, d'animaux dont la race a disparu
ou qui ont émigré. J'ai consacré un long paragraphe à ce
sujet important, et me suis efforcé de démontrer que cette
modification de la faune ne nécessite pas l'intervention de
chiffres d'années bien considérables. Que le renne ait encore
erré dans la Forêt-Noire à l'époque de Jules César, c'est un
fait que j'admets pleinement pour ma part, et si mon autorité
est mince, vous n'ignorez pas qu'elle est appuyée sur celle
d'autres observateurs dont rien ne vous empêche, je l'avoue,
de dénier aussi la compétence. Le très savant et très respec-
table M. Ed. Lartet n'ajoutait pas foi à la haute antiquité de
la disparition du renne. D'après M. Piette, la couche de la
grotte de Gourdan, contenant des gravures qui représen-
tent un grand nombre d'animaux, entre autres le cerf, le
chamois, le renne, l'antilope, et, sous quelques réserves,
le lion, le rhinocéros et le mammouth, etc., se trouve en
contact immédiat avec la couche correspondant à la pierre
polie [1]. Des observations de M. Cazalis de Fondouce me
semblent démontrer que le renne existait encore dans le
département du Gard à une époque beaucoup plus récente
qu'à Schlussenried [2]. A la station de Veyrier, M. Gosse a
trouvé le renne dans une sépulture, avec des bâtons de
commandement, des silex grossiers et des plaques d'or
portant des dessins au trait [3]. Tout cela ne semble pas nous
reporter à une date bien reculée !

Des autres espèces de la faune quaternaire, les unes se
sont éloignées et ont émigré dans toutes les directions, ou
même simplement en altitude ; d'autres ont disparu et sont
aujourd'hui considérées comme espèces éteintes. Mais des
animaux des mêmes genres : éléphants, rhinocéros, hippo-
potames, lions, vivent aujourd'hui sous des latitudes méridionales ; les cerfs se trouvent encore au nord comme au

[1] Je cite d'après le compte-rendu du *Journal Officiel* du 22 juin 1874.
[2] *Congrès de Bologne*, 1871, p. 362.
[3] *Congrès de Lyon*, 1873, p. 674.

sud. L'ours a émigré vers le nord, ou au moins vers les régions élevées et froides. Enfin, d'autres espèces quaternaires habitent toujours les localités où nous trouvons leurs restes fossiles.

Des déplacements de certaines races animales ont été reconnus à des dates assez récentes de l'histoire. Je citerai, par exemple, l'ibis, l'hippopotame et le crocodile, qui ne se trouvent plus aujourd'hui que sous des latitudes beaucoup plus méridionales qu'autrefois. Il est d'autres exemples, moins éloignés de nous, que vous connaissez sans doute mieux que moi ; aussi ne devriez-vous pas vous étonner que, sans être trop méticuleux, on demande quelques preuves de la réalité des longues suites de siècles supposées nécessaires pour ces sortes de déplacements.

L'éléphant n'est pas moins inconnu à Mossoul de nos jours que sur les rives de la Saône et de ses affluents. Mais nous savons de la manière la plus positive que ce proboscidien errait encore par troupes nombreuses seize siècles avant notre ère aux environs de Ninive, la célèbre capitale de l'Assyrie, dont les ruines avoisinent Mossoul. Je dis *de la manière la plus positive*, car, s'il s'agit d'hiéroglyphes, ce sont des hiéroglyphes qu'un enfant peut aisément déchiffrer. En effet, les 120 éléphants pris à la chasse par Thothmès III à Ninive sont ainsi indiqués : ⟨hiéroglyphes⟩. Vous ne sauriez méconnaître l'animal, il n'y a pas lieu à équivoque ; et, quant au chiffre 120, vous n'avez nul besoin que je vous l'explique, car vous savez aussi bien que moi que la détermination des chiffres hiéroglyphiques est antérieure à la découverte de Champollion, et repose sur des preuves tellement certaines que personne ne peut raisonnablement concevoir le moindre doute à ce sujet.

Ce renseignement n'est d'ailleurs pas unique, car nous savons par d'autres monuments que les Égyptiens tiraient de l'ivoire de cette partie de l'Asie, et que les Rotennou ou anciens Assyriens amenèrent en Égypte, à la même époque de Thothmès III, un éléphant vivant. Des textes cunéiformes, interprétés par M. François Lenormant [1], prouveraient que l'éléphant vivait encore quatre cents ans plus tard sur les bords du fleuve Khabour, mais qu'il avait disparu au 10ᵉ siècle avant notre ère. Deux siècles auraient donc suffi pour l'extinction ou l'émigration de la race.

Enfin, mon livre se termine par quelques observations sur les silex tertiaires, l'homme-singe, les incertitudes de l'anthropologie, et les erreurs déjà anciennes des Volney et des Dupuis.

Voilà, Monsieur, ce qu'est mon livre; vos lecteurs et les miens conviendront sans peine qu'à côté de l'aperçu dénigrant que vous en donnez dans une publication répandue à 50 centimes, j'avais le droit, et je dirai plus, le devoir de placer un tableau plus fidèle de mon œuvre.

III

Vous savez mieux que personne, Monsieur, que ce livre a eu malchance auprès des adeptes des idées nouvelles [2], qui ont changé la signification du mot science et ne reconnaissent comme digne de ce nom que leur science à eux, celle qui a pour but de détruire l'idée d'un créateur. Il a été, en effet, bel et bien exécuté dans un article devenu célèbre, des *Matériaux pour l'histoire primitive et naturelle de l'homme*, journal qui s'imprime à Toulouse, et dont vous avez l'honneur d'être le fondateur. Ce Recueil a publié, l'année dernière, longtemps après la mise en vente de ma deuxième édition et l'épuisement de la première, la nouvelle à sensation *« que M. Chabas a reconnu sa faute, car il a*

[1] *Bull. de l'Acad. des Insc.*, 1873, p. 178 à 183.

[2] D'après ce que vous m'avez dit de notre ami X..., ainsi qu'on le verra plus loin, je ne dois guère le compter au nombre des partisans de mon ouvrage; quant à notre **ami Y**, qui avait directement sollicité de moi l'envoi de ce livre, qui l'a obtenu, et à qui vous avez remis vous-même mon **Mémoire** sur les silex de Volgu, vous savez qu'il n'a pas pensé que le tout valût même un simple accusé de réception. Et ce ne sont pas là les derniers indices de la malchance dont je viens de me plaindre.

» *retiré son livre du commerce avec le plus grand soin;*
» *qu'on ne peut se procurer ses Études sur l'antiquité*
» *historique d'après les sources égyptiennes.* » Après quoi
l'auteur de la note n'a plus qu'à déclarer complaisamment
que, M. Chabas ayant supprimé son livre, les Matériaux
n'ont rien à ajouter à cette condamnation prononcée par
l'auteur lui-même.

J'ai répondu de ma meilleure encre à ce ridicule mensonge,
qui a au moins le mérite de n'avoir pas d'analogue dans les
annales de la science et de la littérature. Si j'avais quelque
chose à vous apprendre, j'appellerais votre attention sur la
couverture du cahier qui contient les 5e, 6e et 7e livraisons
1874 du Recueil dont il s'agit; vous y liriez la courte et
sèche rétractation qu'y a imprimée M. le Directeur des *Maté-*
riaux, et vous regretteriez sans doute qu'il ait consigné cet
acte de justice et de loyauté sur une couverture de cahier
qui doit forcément disparaître lors de la brochure du volume,
et dont il ne restera plus de traces. C'était, j'en conviens,
l'unique moyen de rendre la rétractation illusoire. Le volume
des *Matériaux de Toulouse* pour l'année 1874 constatera
donc purement et simplement la *condamnation de mes Études*
sur l'antiquité prononcée par moi-même.

Ce déni de justice me surprend, car M. le Directeur des
Matériaux n'a eu qu'un tort lorsqu'il a publié son premier
article, celui de s'en être rapporté *à un confrère dont la*
bonne foi est indiscutable.

Je sais que j'ai l'honneur de compter à Paris un assez
grand nombre d'envieux, surtout parmi les gens officiels;
mais j'ignorais, je vous l'avoue, qu'il en existât d'assez
légers pour hasarder l'affirmation d'un fait si contraire à la
vérité, alors que, pour être sûrement renseigné, il suffisait
de se transporter, quai Voltaire, n° 15, chez le libraire qui
vend mon livre. C'est vous, Monsieur, qui m'avez détrompé.
A la réception du numéro de septembre de mon *Égyptologie,*
où j'ai formulé mes légitimes réclamations, vous m'avez
écrit ce qui suit :

« Je vous remercie beaucoup de l'envoi de vos fou-
» droyantes *réponses indispensables....;* vraiment cela me
» fait peur, et grand peur. Voilà pourquoi :

» D'abord, je suis libre-penseur; c'est, je crois, ce que
» vous appelez être matérialiste.

» Ensuite, j'aime passionnément les petits cailloux...
» Mais ce ne sont que peccadilles; voilà bien autre chose:
» J'ai partagé dans une certaine mesure l'idée généralement
» répandue concernant la première édition de vos Études
» historiques. »

Vous êtes, Monsieur, la dernière personne que j'aurais
soupçonnée d'être pour quelque chose dans ces manœuvres
souterraines. Mon livre vous était connu avant le 6 septembre
1872; du moins, à cette date, vous me le demandiez avec
instances dans une lettre qui ne m'a pas trouvé à Chalon-s-S.
Je visitais alors les dolmens de la Bretagne. Vous me pro-
mettiez d'en rendre compte dans votre journal, et de me
défendre contre certaines âneries de publicistes, qui, ce
sont vos termes, *m'avaient mesuré à leur aune.*

Une quinzaine de jours plus tard, j'étais à Saint-Germain,
dans votre cabinet, où vous m'avez accueilli avec une
extrême obligeance. Je vous ai rendu compte, avec détails,
du succès de mon livre; vous me témoignâtes de nouveau
le désir extrême que vous aviez de le posséder, et il fut
question alors d'un échange entre nous. Ces pourparlers,
qui se continuèrent par lettres, n'aboutirent pas, par le
motif surtout que mon libraire prit à ce moment pour son
compte tout ce qu'il restait de l'édition chez l'imprimeur.

A partir de ce moment vous n'avez plus semblé connaître
cet ouvrage; vous n'avez eu en mains que pendant *quelques
heures l'exemplaire d'un de nos Académiciens,* m'écriviez-
vous en mai 1873; quant à l'acheter, vous ne le pouviez pas,
il se vendait, disiez-vous, soixante francs.

En août, vous n'aviez encore pu vous procurer ce livre,
que vous n'aviez *aperçu* que pendant *une demi-heure,*
grâce à l'un de nos *Académiciens.* Vous pouviez toutefois
alors l'acheter pour 40 fr. au lieu de 60 fr., mais vous me
demandiez de vous considérer comme *illettré,* ce sont vos
expressions, relativement à cet ouvrage.

Vers la fin du mois suivant, je vous faisais parvenir gra-
tuitement l'un des premiers exemplaires de la deuxième

édition. Il ne vous convenait pas encore, selon toute apparence, de paraître avoir connaissance de mon livre, car vous avez complétement négligé de m'en accuser réception, et, quant à la publicité gracieuse que vous m'offriez avec tant d'insistance, elle s'est bornée à l'article auquel je réponds en ce moment.

Revenons à votre lettre d'aveux ; elle contient les explications que vous croyez devoir me donner sur votre participation à la petite conspiration d'étouffement ourdie contre mon livre. Vous êtes allé, dites-vous, le demander chez mon libraire, et ce libraire vous a répondu que l'édition était épuisée, mais qu'il pourrait peut-être vous le procurer pour 50 ou 60 francs.

Ici, nouvelle version des événements. Vous me dites que vous m'avez écrit et que je vous ai répondu que l'édition était épuisée ; que vous avez couru les bibliothèques publiques et particulières sans trouver mon livre (apparemment vous n'avez pas cru devoir chercher à la Bibliothèque nationale, ni à celle de l'Institut). *Vous l'avez cependant entrevu, mais un instant seulement chez l'Académicien dont il a déjà été parlé.* J'espère que nous sommes à la fin de cette progression descendante, à moins que vous ne veniez bientôt nous dire que vous n'aviez vu cet ouvrage gênant qu'à l'aide d'une lunette d'approche.

De ces investigations vous tirez une conclusion à votre manière : *Voilà pourquoi bien des personnes ont cru et dit que vous aviez retiré votre première édition, et voilà aussi pourquoi ma lettre est muette !* Cette phrase finale arrive ici juste avec le même à propos que dans le *Médecin malgré lui.*

Ainsi donc, Monsieur, je vous ai rendu compte du succès de mon livre ; je vous ai écrit qu'il était épuisé ; mon libraire vous l'a affirmé de son côté, et a démontré de plus l'intérêt que le public savant y attachait, puisque les derniers exemplaires ont pu être vendus au prix des raretés ; et c'est de ces faits que vous tirez la conséquence que j'ai condamné et supprimé ce livre ! Vous m'avez donc regardé comme un libre-hâbleur ? Ce n'est peut-être pas un excès pour la libre-pensée. Mais ne trouvez-vous pas comme moi que de pareils procédés laissent planer quelques doutes sur la valeur de vos investigations, de vos raisonnements et de vos déductions ? Pourriez-vous signaler dans mon livre un exemple comparable de fausses appréciations ?

Il y a encore autre chose dans votre confession. Vous m'y apprenez que notre ami commun X..., voulant écrire un livre sur l'Égypte, s'est adressé aux archéologues pour avoir leur avis et *aussi pour les faire battre un peu entre eux*, et vous ajoutez avec finesse : *Ils ne sont pas toujours bons coucheurs, les archéologues !*

Je ne sais ce que pensera notre ami X.... des intentions que vous lui prêtez. La longue et très-convenable lettre qu'il m'a écrite le 12 avril 1873, me questionne sur un grand nombre de sujets, mais elle ne laissait pas prévoir, tant s'en faut, qu'il eût la moindre idée de me faire battre avec qui que ce soit ; cette manière d'agir se ressentirait peut-être un peu de la libre loyauté. C'est ce que penseront, j'en suis convaincu, toutes les personnes, et elles sont très-nombreuses et souvent de haute notoriété, qui me font l'honneur de me consulter comme l'a fait notre ami X.

Vous avez écrit à cet ami une lettre destinée à son ouvrage ; c'est vous qui voulez bien me l'apprendre : cette lettre, dites-vous, le 14 octobre dernier, était *muette* ; mais, le 20 novembre, vous m'écrivez que vous avez donné un grand coup d'épée dans l'eau ; que la lettre qui parle de mon livre n'a pas été imprimée ; que vous la retirez, et que voilà ce cher X. tout à fait en dehors de notre correspondance et de nos discussions. La chose devient de plus en plus énigmatique et entortillée ; la lettre n'était donc pas *muette ?* mais de quoi parlait-elle ? Quelles discussions existaient entre vous et moi avant l'apparition de votre petit pamphlet contre mon livre ? Vous ai-je, sans le savoir, attaqué, dénigré dans quelqu'un de mes écrits ? Le seul fait de n'être pas libre-penseur serait-il contre vous un acte d'hostilité dont vous auriez besoin de tirer vengeance ? Tout ce que je puis distinguer dans ce fouillis, c'est que vous avez été l'un des moteurs de la tentative de suppression de mon livre, et que vous avez écrit, à propos de ce livre, une lettre dont vous avez aujourd'hui quelques motifs de ne pas désirer la publication.

Vous aimez, dites-vous, les positions nettes et précises.
Je partage vos idées au moins sur ce point ; nos situations
relatives sont à présent bien définies ; le public, notre juge,
peut prononcer son verdict en connaissance de cause.

IV

Examinons sommairement les points sur lesquels porte
votre critique.

En premier lieu, vous me reprochez d'accepter ou de reje-
ter, suivant les besoins de ma cause, le témoignage des
auteurs.

Vous auriez pu dire aussi qu'en général je n'attache guère
de valeur à ce témoignage ; les erreurs y sont presque toujours plus nombreuses que les vérités. Je n'ai trouvé ni dans
la Bible ni dans les auteurs aucune trace d'un âge de pierre,
mais je rencontre un peu partout des indices de l'emploi **des**
outils de pierre et d'os. Cela ne démontre pas qu'il n'ait
jamais existé un âge de pierre. De ce que les Romains ne
disent mot des monuments mégalithiques de la Bretagne, je
ne conclus pas que ces monuments n'existaient pas encore
au temps de Jules César, et le silence absolu des chroni-
queurs ne m'empêche pas de croire que les cités lacustres
ont subsisté jusqu'à l'époque carlovingienne. Lorsque Plutarque dit que les Égyptiens représentaient Osiris par un
œil et un sceptre, j'accepte son témoignage ; je le repousse
au contraire lorsqu'il affirme qu'Isis et Coptos sont des noms
grecs. Hérodote a raison lorsqu'il constate qu'une partie du
territoire égyptien est un présent du Nil, mais il se trompe
lourdement lorsqu'il dit que les Égyptiens n'ayant pas de vin,
boivent de la bière ; lorsqu'il raconte que Chéops prostitua
sa fille, qui construisit une pyramide avec le prix de ses
faveurs, etc., etc. Diodore, qui donne quelquefois des
notions vraies, est dans une erreur complète dans ce qu'il.
dit du jugement des rois après leur mort. Si vous avez pour
règle de tout accepter ou de tout récuser, vous avez certainement un approvisionnement de notions fausses qui doit

singulièrement nuire à la qualité de la haute science que je me plais à vous reconnaître. Mais c'est là une hypothèse gratuite; je suis convaincu que vous pensez absolument comme moi, et que si un savant classique, s'appuyant sur l'autorité de Plutarque, venait vous enseigner qu'avant Psamétichus les rois d'Égypte ne buvaient pas de vin et n'en employaient pas même en libations, vous sauriez bien le conduire devant l'obélisque de la place de la Concorde et lui montrer la triple offrande du vin faite à Ammon par Ramsès II. Ce que vous savez peut-être un peu moins bien que moi, c'est la multiplicité de ces sortes d'erreurs que les hiéroglyphes nous permettent aujourd'hui de relever. Comme il n'y a pas de motif pour que les Anciens se soient trompés davantage en ce qui concerne l'Égypte qu'à l'égard des autres nations, je conclus pour ma part que nous devons nous défier beaucoup de leurs informations en général.

Ensuite, vous trouvez surprenant que je considère comme une poétique donnée le passage de Lucrèce concernant les premières armes des humains : *Les mains, les ongles et les dents; puis les pierres et les bâtons.* Je m'étonne, moi, que vous y voyiez autre chose, car pierres et gourdins ne me parlent pas du tout clairement de silex taillés. Tout dernièrement, au sein de l'Institut, une voix autorisée appréciait aussi à sa juste valeur un autre passage du même auteur affirmant le néant de l'âme : « *Quand le corps périt, il faut que l'âme elle-même se décompose; elle se dissout dans les membres. L'âme meurt tout entière avec le corps.* » Le savant éminent dont je parle fait remarquer à ce propos que le matérialisme moderne n'a fait que rajeunir les formules d'Épicure et de Lucrèce : il aurait pu ajouter que les premières manifestations du doute sont consignées dans des livres composés plus de 3000 ans avant le traité *De naturâ rerum.* Cependant le christianisme a pris naissance postérieurement à Lucrèce, et la philosophie athée des Anciens, malgré la hardiesse et la netteté de ses leçons, n'a point empêché le triomphe de l'idée religieuse. Vos opinions sur Lucrèce sont différentes des miennes et de celles de M. le Secrétaire perpétuel de l'Académie des sciences. Mais de quel côté sont les fausses appréciations ?

Les erreurs fourmillent dans l'ouvrage de M. Chabas,
dites-vous dans votre troisième grief : Il y a d'abord les
citations empruntées on ne sait où, non vérifiées et inexactes.
Comme échantillon, vous vous plaignez que j'aie attribué à
M. Rhôné le compte-rendu des expériences faites au Musée
Saint-Germain sur la gravure du granit au moyen des haches
de silex. J'ai rapporté les résultats de l'essai, et j'ai renvoyé
pour les détails, par note au bas de la page, aux *Prome-
nades au Musée Saint-Germain*, où le fait est consigné,
p. 156. Cet ouvrage est de vous et non de M. Rhôné, qui
n'en a fait que les illustrations. Reprenez, Monsieur, l'inté-
gralité de votre bien, c'est au mieux ; mais convenez que le
fait cité par moi est parfaitement exact ; que c'est M. Alex.
Bertrand qui l'a établi et non pas vous, et qu'en aucun cas
votre petite réclamation n'atténue en rien la valeur des
considérations que j'en ai tirées.

Puis vous vous plaignez que j'aie mal indiqué le volume de
la *Revue archéologique* dans lequel est inséré le Mémoire de
M. Mariette sur les *Tombes de l'Ancien-Empire*. Il paraît
cependant que vous n'avez pas eu beaucoup de peine à le
découvrir. Ici, du reste, votre critique porte à faux : le
Mémoire en question, que je dois à l'obligeance de M. Mariette,
et que j'ai en ce moment sous les yeux, porte bien la date
de 1868 et non pas celle de 1869. En quoi d'ailleurs cela
peut-il diminuer l'autorité de mon livre ?

Après avoir découvert ces deux *énormités*, vous ajoutez :
et ainsi de suite ; et voilà, Monsieur, en quoi consiste le
fourmillement d'erreurs dont vous m'accusez ! A la vérité,
vous voulez bien avouer que ce ne sont que peccadilles, et
que cela ne prouve que de la négligence et rien de plus.

Lorsqu'il vous sera arrivé de publier à vos frais un livre
de l'étendue du mien, pour lequel vous aurez eu à interroger
des sources si diverses et le plus souvent presque inaccessi-
bles ; lorsque, forçant la nature, vous aurez dû vous faire
graveur, dessinateur, compositeur d'imprimerie, sans pou-
voir compter sur l'assistance de qui que ce soit pour les
vérifications et les corrections, il sera temps de voir si vous
êtes plus habile ou plus heureux que moi. Mais, à coup sûr,

si vous aviez subi l'épreuve de ces fatigues, vous vous montreriez aujourd'hui plus tolérant. Dans presque tous mes ouvrages se sont glissées quelques fautes; il en est d'inévitables. Sans plaider les circonstances atténuantes, je puis cependant constater ici le fait que, ni en Angleterre, ni en Allemagne, les ouvrages de même nature n'en sont exempts, et qu'en France, même les livres spéciaux tirés à grands frais par l'Imprimerie Nationale en vue des Expositions, n'y ont pas échappé complétement. Ne craignez-vous pas que l'on vous trouve bien au dépourvu de bonnes raisons en voyant votre critique descendre jusque-là? Mais je vais vous venir en aide et profiter de l'occasion pour rectifier une coquille plus grave, que vous n'avez pas su apercevoir.

Dans mon livre je cite (p. 1) la phrase suivante du livre de M. Piétrement : *Les Arias* (l'auteur a écrit *Aryas*), *ancêtres des Indous, des Perses ou Iraniens, de la plupart des anciennes populations de l'Asie-Mineure et de la majorité des peuples de l'époque actuelle...* C'est de *l'Europe actuelle* qu'il fallait dire. J'ai ainsi donné par erreur à la phrase de M. Piétrement une portée qu'elle n'avait pas [1].

Vous passez ensuite à des erreurs que vous dites plus graves, et, tout d'abord, au vase de terre cuite à quatre anses que j'ai cité comme ayant été trouvé à Solutré, dans la sépulture décrite par M. l'abbé Ducrost. Ce vase n'a jamais existé, dites-vous, dans cette sépulture. « *Quelle valeur dès lors accorder aux autres faits rapportés ?* »

Ça été une bonne fortune pour mes contradicteurs que ce vase célèbre; ils s'en sont donné à cœur joie. Mais, au lieu de rire de l'erreur qu'ils allèguent, ils eussent mieux fait d'expliquer en quel lieu la trouvaille de cet objet a été réellement faite. Le plus précis de tous dit qu'il a été *probablement* retiré d'une sépulture de la pierre polie. Son

---

[1] Des coquilles analogues, qui se sont glissées dans deux comptes-rendus de mon livre, m'ont prêté la stupidité suivante (en citant la page) : L'accroissement des alluvions est en *raison inverse* de la fréquence des inondations; bien entendu, j'avais écrit en *raison directe* (1re édition, p. 510. 2e édition, p. 518).

probablement montre assez qu'il n'en sait rien; quant à vous, vous êtes encore plus réservé. Vous vous contentez de dire qu'il n'était pas dans la tombe entourée d'un cercle de pierres, et, comme preuve, vous excipez du silence gardé sur ce point par M. l'abbé Ducrost.

Je crois être plus avancé que vous dans cette affaire : le vase en question a été découvert par l'archéologue qui le possède (ou qui l'a possédé le premier) *dans le grenier de Pierre Buland, à Solutré.* Je ne veux point fatiguer nos lecteurs par le tableau des contradictions qui touchent malheureusement à tout ce qui concerne cette importante station, et qui laissent planer de l'incertitude sur les points les plus intéressants. Il y a aujourd'hui discussion même sur le nombre des pierres qui entouraient la tombe décrite et figurée par M. l'abbé Ducrost, discussion aussi sur la forme précise de l'enceinte, discussion encore sur la position du squelette. Si M. l'abbé Ducrost nous affirmait que les fouilles et la découverte ont été faites sous ses yeux, j'admettrais que la discussion dût être regardée comme close. Quant à présent, je dois rendre hommage à la vérité en faisant savoir que je possède depuis 1869 un croquis de la tombe en question ; cette sépulture est figurée comme une ellipse à courbure peu régulière, sensiblement rétrécie à l'extrémité opposée à son entrée, ayant cinq mètres de grand axe et trois mètres de petit axe. M. l'abbé Ducrost est-il bien certain d'avoir connu tous les objets retirés de la fouille?

Seul, le terrassier a vu le vase en place, et il a donné ensuite des renseignements contradictoires sur l'origine de ce petit monument. Mettons-le sur la même ligne que les tombes en caissons de dalles brutes, et retirons le tout du débat ; nous serons probablement forcés d'en retirer d'autres faits encore, et cela par la faute des collectionneurs passionnés qui aiment à fouiller incognito et ne se gênent pas pour dérouter et expulser les observateurs. C'est pour avoir été plus d'une fois l'objet d'un accueil de ce genre, à Solutré et ailleurs, que j'ai pu donner les conseils faisant l'objet de la note 1, page 6 de mon livre. D'autres voix que la mienne se

sont aussi élevées contre des abus dont on ne peut aujour-
d'hui que déplorer les résultats [1].

Cependant le point scientifique que le vase à quatre anses
aurait étayé, à savoir que la poterie était connue à l'époque
du renne, n'en subsiste pas moins. A la suite d'une discussion contradictoire, M. de Ferry, maintenant l'opinion qu'il
avait exprimée antérieurement, déclare positivement que de
la poterie d'aspect semblable à la poterie néolithique a été
trouvée dans des foyers non remaniés de l'âge de la station.
Il invoque l'incontestable autorité de M. Ed. Lartet, qui a
trouvé dans ses fouilles à Aurignac (âge du grand ours) la
même anse mamelonnée que celle de la pierre polie [2].
M. Perrault aussi a trouvé de la poterie au fond de la grotte
de Rully (renne, mammouth, etc.), et le même M. Lartet,
consulté par lui, a de nouveau manifesté l'opinion que ce
fait n'avait rien d'exceptionnel.

Le passage suivant de votre critique rassemble une foule
de griefs dont je ne saisis pas la portée; vous ne paraissez
pas être d'un avis différent du mien. Que les pierres entou-
rant la sépulture de Solutré fussent debout ou à plat, c'est
ce que j'ignore. D'après M. Buland, elles étaient assez élevées
pour former un siége commode à l'intérieur de l'enceinte, et
le croquis que j'ai cité tout à l'heure les représente plus
élevées que le dessin de M. l'abbé Ducrost; quoi qu'il en
soit, cette disposition n'en rappelle pas moins celle des
Hunnebedden.

Vous me reprochez d'avoir dit que j'ai trouvé dans tous les
gisements par moi explorés des silex semblables à ceux
d'Égypte qu'a fait photographier M. Lepsius. J'ai ces photo-

[1] Une des plus regrettables contradictions, due à la funeste habitude de
chercher seul et d'évincer tout collaborateur, tout témoin, porte sur l'existence
des gaines de haches à Solutré. M. Jarry en a figuré une dans un grand
tableau qui a été exposé à Mâcon et que je ne connais pas. M. l'abbé Ducrost
révoque en doute l'authenticité de cette pièce. M. Arcelin a cité cependant,
comme provenant de Solutré, une gaine en bois de renne fort semblable aux
gaines en bois de cerf de l'époque de la pierre polie.

[2] Voyez de FERRY et ARCELIN *L'âge du renne en Mâconnais*, 1868,
p. 18 et 41.

graphies et quelques spécimens de silex qui peuvent justifier mes assertions sur ce point. Vient le tour des silex d'Hélouan, que j'ai comparés à d'autres provenant du Périgord, de Chassey, des bords de la Saône et de la Norwége. Prétendez-vous le contraire, par hasard? Les photographies et les originaux que je possède ont déjà convaincu plusieurs sceptiques. Peut-être vous convaincraient-ils vous-même.

Mais qu'est-ce qui vous choque donc dans ce genre d'études comparatives? Faites-vous un crime à MM. Lartet et Christy d'avoir comparé les grattoirs des Esquimaux et les haches des Sauvages avec les grattoirs et les haches antiques, et d'avoir montré la parfaite identité de forme d'une tête de lance en obsidienne, provenant de la Nouvelle-Calédonie, avec un silex des graviers de la Somme? Vous avez la passion de la classification, et je ne saurais vous en faire un reproche ; si vous vouliez bien oublier un instant l'apostolat philosophique auquel vous vous êtes voué, quel utile et intéressant travail ne pourriez-vous pas nous faire en dressant le tableau de la continuité des types, au lieu de rechercher des caractères tranchés et des espaces énormes?

Vous avez parlé des silex d'Hélouan. Permettez-moi de mettre sous vos yeux le procès-verbal de la séance du 7 janvier 1872, dans laquelle il en a été rendu compte à l'Institut Égyptien [1] :

« M. Mariette-Bey présente à l'Institut des photographies
» des silex taillés recueillis au Musée de Boulaq, et maintient
» l'opinion déjà exprimée par lui que ces instruments ne
» remontent pas au-delà de l'époque historique. On les
» rencontre en grand nombre partout où il y a eu des agglo-
» mérations d'ouvriers. Ainsi, dans la presqu'île du Sinaï,
» leurs amas, qui se retrouvent devant les anciennes mines
» de turquoises, pourraient servir à indiquer l'entrée des
» carrières. Ni leur gisement ni leurs formes ne permettent
» donc de croire qu'ils appartiennent à l'âge de pierre.

1 Le *Bulletin de l'Institut Égyptien*, publié avec la date de 1873. Je l'ai reçu en 1874.

» Ils se rapprochent même souvent beaucoup de l'époque
» actuelle.

» Ainsi, il y en a cinq ou six cents qui sont dus aux
» recherches de M. le docteur Reil, et qui n'ont pas plus de
» 700 à 800 ans; et cela n'a rien qui doive étonner, car les
» Arabes se souviennent encore d'avoir vu les Bédouins
» armés de flèches à pointes de silex.

» Il en est de même, comme cela a été remarqué, de
» l'usage des coquillages comme ornements, usage qui
» remonte à la plus haute antiquité, mais qui a continué
» jusqu'à nos jours.

» M. le docteur Reil raconte comment il a trouvé les silex
» dont vient de parler M. Mariette-Bey. C'est en cherchant
» une source sulfureuse. Après avoir épuisé le sable qui
» comblait l'ouverture, on trouva de beaux silex taillés,
» parmi lesquels se rencontrèrent également divers objets
» évidemment modernes : une tête de pipe, un anneau en
» or, un tesson de vase arabe.

« C'était probablement, continue M. Mariette, un ancien
» puits bouché, et il est fort possible que le grand nombre
» de pointes de silex trouvées dans cet endroit provienne du
» passage de quelque corps d'armée.

» Ainsi, dit M. de Lesseps, pour résumer cette discussion,
» il est bien entendu que les silex taillés trouvés en Égypte
» appartiennent tous aux époques historiques, et qu'on n'a
» rien trouvé jusqu'ici qui se rapporte à l'âge de la pierre.

» En effet, ajoute M. Mariette, nulle part en Égypte les
» silex en question n'ont été trouvés en compagnie d'osse-
» ments d'espèces perdues, de fossiles pouvant indiquer
» une époque antérieure à l'état actuel, sauf peut-être dans
» l'isthme de Suez. L'Égypte, d'ailleurs, dont l'abord n'était
» pas facile à ces époques reculées, n'a dû être habitée que
» très tard et dans des temps déjà historiques. »

On a voulu me mettre en contradiction avec mon illustre
ami M. Mariette, vous voyez qu'on n'y a pas réussi.

Vous ne dédaignez pas de forcer considérablement le texte
lorsque vous m'accusez d'avoir cherché à établir que tous
les silex se ressemblent. Ce que j'ai voulu prouver, c'est

qu'il y a partout des silex qui se ressemblent, et que ces points de rapprochement sont bien suffisants, non pas pour établir la contemporanéité des gisements, mais le fait qu'il n'est pas nécessaire de les croire séparés par de longs siècles. Vous dites que je pose en fait, mais que je ne prouve pas. Je crois, moi, avoir prouvé ; les lecteurs apprécieront d'après le sommaire que j'ai donné au § II de cette réponse.

Mais la question a fait du chemin depuis 1872. On a fouillé près de Schaffouse des grottes caractérisées par des débris d'industrie paléolithique et une faune quaternaire, avec des ossements d'animaux domestiques. Ce fait est attesté par M. Desor. Dans la caverne de Wierzchen , M. Zavisza a trouvé des ossements quaternaires mêlés à des objets de l'époque néolithique.

M. Louis Lartet et M. Chaplain-Duparc ont exploré la grotte Duruty dans le pays basque, et y ont trouvé, en contact immédiat, une sépulture paléolithique et une sépulture néolithique, contenant l'une et l'autre des objets très remarquables et très significatifs ; et, dans le compte-rendu qui en a été fait au Congrès de Stockholm, on a insisté :

1° Sur l'absence d'hiatus de quelque nature que ce soit entre le dernier foyer de l'âge du renne et la sépulture néolithique ;

2° Sur la persistance sur place d'un même type humain ne présentant aucune variation de l'un à l'autre de deux âges de la pierre rencontrés dans cette caverne.

M. le pasteur Frossard a fait exécuter des fouilles dans une caverne des Pyrénées, et, d'après le rapport de M. Alexandre Bertrand , des vingt-deux espèces animales qu'il y a découvertes, il n'y en a que deux d'éteintes dans le pays, l'une desquelles serait le renne [1].

A Cumières (Meuse), le renne et le cheval ont été trouvés en association avec des silex taillés à éclats, des os travaillés

[1] Tous ces faits sont établis par le compte-rendu sommaire des travaux du Congrès préhistorique tenu à Stockholm en 1874. (*Indicateur de l'Archéologue*, p. 439 à 463.)

et des fragments de poterie grise, par M. Félix Liénard, secrétaire perpétuel de la Société philomatique de Verdun [1].

M. le chevalier de Rossi a trouvé le renne néolithique à la caverne du Monte delle Gioie et dans les tombeaux de Cantalupo, et ce savant éminent considère comme prouvé jusqu'à l'évidence que l'âge néolithique ne peut pas être très éloigné de la vraie histoire.

Quant à l'intime association de la pierre taillée dite archéolithique avec les silex de la pierre polie, de deux choses l'une : ou bien vous ignorez les nombreux exemples qui ont été publiés de cette association : dans ce cas, allez à Pierrefitte, à Diou, à la grotte de Durfort, etc.; ou bien vous les connaissez, et vous dédaignez de prêter attention aux constatations d'observateurs *évidemment incompétents pour vous,* puisqu'ils ont vu sur place un arrangement fort différent de celui qui règne sur les rayons de votre Musée.

Mais il serait trop long de vous citer tous les observateurs qui partagent mes idées et qui sont convaincus de l'absence de toute grande faille chronologique entre les deux âges de la pierre, comme aussi de l'analogie dans le travail des silex aux deux époques.

Je vous ai autorisé à décliner ma compétence ; mais je commence à craindre que vous n'ayez bientôt à décliner celle de tous les savants et de tous les observateurs. Il vous faut, à vous, entre la pierre taillée et la pierre polie, une différence de physionomie très caractéristique, et vous affirmez qu'à aucune époque de l'*humanité* il n'y a eu un progrès relativement aussi grand. Complaisez-vous, si vous y tenez, dans cette illusion ; quelque chose me dit que vous ne la garderez pas longtemps. Pour ma part, je persiste à penser, et avec une conviction de plus en plus profonde, que l'homme qui a su aiguiser et polir l'os et la corne n'a pas eu beaucoup de peine à inventer le polissage de la pierre ; la durée d'une

[1] Voir l'*Homme de Cumières*, in-8°, Verdun, 1874. M. Liénard attribue le tout à l'âge du renne (qu'il appelle époque néolithique). Les silex représentés sur la pl. V de son Mémoire sont de ceux qui se trouvent partout. Les ciseaux d'os aiguisés sont dans le même cas.

seule existence humaine a pu suffire pour ce progrès : *Fausse appréciation, incompétence,* direz-vous. Soit, le sens commun et la science seront juges. Vous savez du reste que ce n'est pas à moi seul que vous adressez ces commodes invectives ; vous tirez peut-être sur quelques chefs de vos meilleures troupes.

Si je n'ai pas aperçu, dites-vous ensuite, la grandeur des changements d'une époque à l'autre, c'est que je n'ai pas parcouru les galeries du Musée Saint-Germain. Et parbleu si, Monsieur, je les ai parcourues, assez souvent même, et en particulier deux fois en votre compagnie. J'y ai vu un étalage admirable de magnifiques spécimens, classés d'après un plan fondé sur les définitions généralement données des expressions *époque paléolithique, néolithique,* etc., mais, j'en conviens, ce n'est pas là que j'ai étudié, et je vous déclare que je n'y étudierai jamais en vue de la question qui nous divise. Il y a manière de présenter les choses, et vous le savez mieux que personne, vous qui, pour donner une couleur de polémique religieuse à mon œuvre, m'encadrez, sous le titre de *Membre d'une Société biblique,* entre deux ministres du culte. D'*un mot mis à sa place* vous connaissez la valeur. J'ai le droit de craindre qu'il n'en soit de même d'*un silex.*

J'ai étudié, et c'est la seule méthode sûre, dans les stations et dans les grottes ; j'y ai fouillé, gratté même avec les ongles pendant de longues journées. J'ai étudié encore, en déballant moi-même d'immenses paniers remplis de silex, d'os, de dents, etc., recueillis dans des foyers de Solutré, de Chassey, de Rully, etc., et n'ayant encore été l'objet d'aucun classement. On avait tout pris, tout réuni, et l'ensemble, s'il n'avait plus autant de valeur que la fouille elle-même, s'en rapprochait du moins autant que possible. J'ai encore en ce moment devant les yeux le produit non trié d'une fouille faite à Solutré. Aucune des vitrines exposées à Saint-Germain aux yeux du public ne présente cette physionomie spéciale ; je puis en dire autant du reste de celle qui contient ma petite collection solutréenne, où j'ai réuni surtout les objets qui se recommandent par leur apparence.

C'est le défaut de toutes les collections publiques et privées, lors même qu'il n'y a pas idée préconçue de fournir des arguments en faveur d'une théorie.

Il faut être aveugle, dites-vous, pour ne pas apercevoir les immenses différences qui vous frappent les yeux, à vous. Comme on pourrait ne pas vous croire sur parole quand vous constatez ainsi ma cécité, vous profitez de l'occasion pour m'attribuer une absurdité : *M. Chabas ne raconte-t-il pas qu'à Khorsabad, dans l'intérieur de l'Asie, M. Place découvrit deux couteaux de silex noirs, semblables à ceux du Mexique ?* Les couteaux noirs du Mexique, ajoutez-vous avec un sérieux superbe, sont en obsidienne. Un homme qui confond le silex et l'obsidienne est-il bien à même d'apprécier les instruments en silex ? Je connais, Monsieur, aussi bien que vous l'obsidienne, et probablement depuis plus longtemps que vous. Mais ce point n'a rien à faire ici ; la phrase que vous citez est de M. Adrien de Longpérier; vous n'êtes pas admissible à prétexter ignorance sur ce point, car vous étiez le secrétaire général du Congrès, et c'est dans les comptes-rendus de ce Congrès, page 118 [1], que j'ai copié la citation sur laquelle vous avez pris texte pour déverser sur moi une accusation d'ignorance qui retombe sur l'un de nos plus illustres académiciens. A la vérité, vous y avez ajouté que *Khorsabad est dans l'intérieur de l'Asie.* Vous suspectez gravement l'érudition du public avec lequel vous êtes habituellement en communion d'idées, et vous avez raison sans doute. Mais, après tout, s'il était vrai que la ressemblance **entre** les couteaux de Khorsabad et ceux du Mexique se **bornât** à la couleur noire, le fait de la présence de silex **taillés**, associés à des bracelets et des colliers de cornaline, d'émeraude, d'améthyste et d'autres pierres dures taillées en forme de grains ou de têtes d'animaux, de scarabées avec inscriptions phéniciennes, en serait-il moins solidement établi ? En quoi mon raisonnement est-il discuté ou entamé ?

De ce que j'ai dit que la langue et l'écriture de l'Égypte n'ont pas subi d'altérations sensibles depuis l'époque des

----

[1] Vous ne m'accuserez pas ici d'avoir cité inexactement et incomplètement.

premières dynasties jusqu'aux Romains, vous en tirez la conséquence que la civilisation de cette contrée s'est immobilisée pendant 4,000 ans. Cette conséquence est toute vôtre. Vous pensez autrement que moi sur ce qui concerne la terre des pharaons, autrement aussi que mes confrères en égyptologie. Les grands explorateurs de l'Égypte n'y ont jamais rencontré de foyers paléolithiques, ni néolithiques, avec os, poteries, etc., etc.; mais ils ont trouvé des silex de toute espèce, associés à des objets de l'époque historique. Votre théorie vous prouve bien logiquement que l'âge de pierre a existé en Égypte. Soit, gardez vos idées particulières; nous attendrons deux choses pour nous y rallier : 1° que vous ayez trouvé des stations : 2° que vous ayez démontré que ces stations sont antérieures à l'époque historique.

Les marteaux et les pointerolles de pierre avec lesquels on a exploité le métal en Espagne vous laissent insensible; mais les mines du Sinaï creusées avec le silex vous gênent aux entournures. M. John Keast Lord a décrit une grande salle précédée d'une longue galerie , le tout entièrement creusé avec le silex. Ces travaux se sont continués jusqu'à une époque postérieure de 3,000 ans à l'introduction des métaux chez les Égyptiens; c'est un fait très considérable et qui donne, j'en conviens, de certains emplois des pointes de silex une idée un peu différente des vôtres; aussi vous en faites bonne et expéditive justice. Vous ignorez les dimensions de la galerie, mais vous déclarez qu'elle n'a pas plus de 100 ou 200 mètres de longueur; cela, dites-vous, fait dans le premier cas un mètre d'avancement tous les 23 ans, et tous les 12 dans le second. Ces chiffres, ajoutez-vous, ne suffisent-ils pas pour réduire à l'*absurde* l'entière certitude de M. Chabas ?

Puisque le mot est de vous, je puis bien m'en servir; il n'y a en tout ceci d'*absurde* que votre raisonnement et vos calculs, et vous ne l'ignorez pas; c'est évidemment à dessein que vous ne faites pas entrer en ligne de compte la salle souterraine qui, au rapport de l'explorateur, avait une capacité de 560 pieds cubes. Puis vous comptez sur 2,300 ans d'exploitation continue sur le même point. Mais où prenez-vous cet élément de calcul? Si peu que vous sachiez de l'histoire d'Égypte, vous n'ignorez pas que cette base est absolument inadmissible; ce qui peut-être ne vous est pas connu, c'est que les inscriptions hiéroglyphiques locales parlent de fonctionnaires égyptiens qui furent envoyés au Sinaï pour *reprendre* l'exploitation des mines de mafek. Les interruptions étaient forcément fréquentes; l'espace qui s'est écoulé entre la VIe et la XIe dynastie, et la durée de la domination des Pasteurs enlèvent déjà une douzaine de siècles au moins. Allons, Monsieur, répondez sérieusement: de quel côté est l'absurdité?

Puis vous revenez sur Diodore, dont j'ai déjà assez parlé, et vous me reprochez de penser que les Gaulois se servaient encore de silex; pour vous, ceux qu'on a trouvés au Beuvray, à Alise, à Gergovie, à Langres, etc., etc., ne prouvent rien. Alors qu'en faites-vous? Vous niez, non pas le fait de l'existence de ces silex, mais l'usage qu'on a pu en faire; je n'ai rien à répondre à cela; tout le monde sait que nous pensons fort différemment sur bien des choses.

Mais lorsque vous me demandez pourquoi je me suis arrêté aux premiers siècles de notre ère, je suis obligé d'avouer que j'aurais pu aller un peu plus loin. Je n'avais pas vu, à l'époque de la rédaction de mon livre, deux tiroirs de pierres taillées et d'autres polies par frottement, provenant de tombes mérovingiennes. J'y ai remarqué surtout un beau couteau à deux tailles, et deux grattoirs bien arrondis, bien finement retravaillés, qui ne dépareraient pas une vitrine de Chassey. J'ai poussé, ou plutôt M. Mariette a poussé jusqu'à nos jours pour ce qui concerne l'Égypte, M. Lartet et beaucoup d'autres jusqu'aux Esquimaux, aux Australiens, etc.! Que voulez-vous de plus?

Le public savant qui sera juge entre nous dira si dans cette critique, portant principalement sur d'insignifiants détails, vous m'avez convaincu d'erreur sur un seul point de quelque importance pour la thèse que j'ai soutenue; par exemple, sur les dates et l'étendue de mon cadre chronologique de l'histoire, et sur la facilité avec laquelle, d'après les faits connus, la plupart des faits qualifiés de préhistoriques peuvent entrer dans ce cadre.

J'avais du reste réservé tous les droits de la science
sérieuse, et vous vous êtes bien gardé de le dire; lisez donc
(p. 552 de mon livre, 2ᵉ édition) :

    « Mais la géologie pourrait peut-être exiger des appréciations
» chronologiques différentes. Si les savants en cette science
» arrivaient à se prononcer avec une certaine unanimité sur
» la durée des phénomènes de la période quaternaire, depuis
» l'époque pliocène jusqu'à nos jours, et à constater la néces-
» sité des centaines de mille années dont on a parlé, la question
» de l'antiquité de l'homme prendrait un caractère sérieux.
» Nous ne sommes pas de ceux qui posent d'avance des bornes
» aux faits d'observation et aux sciences exactes, et nous
» reconnaissons hautement, pour l'avoir vu de nos propres
» yeux, que l'homme a été le contemporain du diluvium
» quaternaire ou au moins de la faune qui caractérise cette
» formation.

    » Mais jusqu'à présent, si quelques esprits hardis parlent
» avec une conviction apparente de centaines de mille années,
» il s'en faut qu'il y ait unanimité parmi les observateurs, et
» même parmi les géologues. »

    Lisez aussi, p. 455 :

    « La Bible n'est ni un livre de science, ni un livre d'histoire ;
» si Dieu eût voulu nous instruire en ces matières, il l'eût fait
» en termes sur lesquels il n'y aurait pas à discuter. Mais
» Dieu nous a seulement donné l'intelligence qui observe,
» invente, combine, et c'est un devoir encore plus qu'un
» droit pour nous d'utiliser cette intelligence pour la recherche
» de la vérité, qui jamais ne peut contredire la parole divine,
» à moins que cette parole ne soit mal comprise. Quand tant
» de gens en appellent à la science pour évincer Dieu de
» l'univers, il est bon que d'autres s'efforcent de l'y montrer
» avec l'aide de la science. Cette alliance de la science et de la
» foi est possible, pourvu qu'on s'abstienne de poser aux
» progrès de l'observation des barrières absolues tirées d'une
» interprétation trop littérale de l'Écriture : le soleil s'est fixé
» au centre de notre système, et la terre tourne autour de cet
» astre sans que la religion ait eu à en souffrir; les longues
» périodes substituées aux six journées de la création n'ont

» pas fourni d'armes nouvelles à l'incrédulité ; si, dans l'histoire
» très-sommaire des patriarches et du déluge, on se décide à
» ne voir qu'un souvenir des tribus primitives personnifiées
» dans quelques individualités, la croyance en Dieu n'en sera
» aucunement affaiblie, et l'on aura mis hors du débat et au-
» dessus du débat le Livre sacré qui fait notre loi morale et
» religieuse.

» Nous avons tenu à nous expliquer sur ce point important
» des apparentes contradictions de la science avec la lettre de
» l'Écriture sainte, et à définir le terrain sur lequel on peut se
» placer pour suivre pas à pas les plus hardis pionniers des
» idées nouvelles, sans arriver, comme quelques-uns d'entre
» eux, à l'athéisme et au matérialisme. Lorsque des doctrines
» dissolvantes sont hautement professées, lorsque leurs sec-
» tateurs les justifient au moyen de l'observation scientifique,
» et qu'ils s'efforcent d'opposer leurs découvertes aux doc-
» trines fondées sur l'ancienne exégèse, il ne suffit pas de
» déserter le débat, de redouter et de fuir le terrain de l'étude,
» laissant ainsi le champ libre aux novateurs les plus témé-
» raires. »

Ces citations auraient détonné dans la caricature que vous
avez voulu présenter de mon ouvrage ; la dernière aurait
éclairé d'une vive lumière la pénombre cléricale que, dès le
début de votre attaque, vous vous êtes efforcé de faire
porter sur moi. Vous avez de même passé sous silence
tout ce qui pouvait signaler mon livre comme travail d'érudition. Vous aviez en effet besoin du coup de poing de la
fin : *L'œuvre de M. Chabas ne supporte pas la critique !*

Il y a, Monsieur, quelque chose qui ne supporte pas la
critique, c'est votre pamphlet et l'esprit dont vous êtes
animé envers moi et envers quiconque n'est pas de votre
orthodoxie, à vous, celle du matérialisme.

V

De toutes vos objections il ne subsiste rien, absolument
rien, contre les vues que j'ai exposées. Mais il m'a été fait

par un homme haut placé dans l'enseignement une observation sensée. Vous ne présentez pas, m'écrivait-il, une théorie complète applicable à tous les faits. Rien n'est plus vrai, je ne me suis jamais proposé un plan aussi vaste, que du reste toute la science humaine mise en commun serait bien impuissante à réaliser. Les premières manifestations des sociétés humaines nous sont inconnues et la véritable histoire date presque d'hier. Avec les cunéiformes et les hiéroglyphes nous pouvons pénétrer assez loin dans le passé, mais il existe encore trop de lacunes. L'étude des gisements archéologiques, qui nous ont révélé certains faits jusqu'alors ignorés des usages de nos ancêtres, nous apporte aujourd'hui un contingent d'informations de valeur sérieuse entre les mains de savants sérieux. Malheureusement on a inventé depuis lors la *science préhistorique,* et les chercheurs les moins bien préparés par l'étude ont mis avec assurance la main à la réédification de l'édifice de l'histoire primitive.

Tandis que les savants formés par de longues et patientes recherches n'arrivent qu'à grand'peine, à l'aide de documents écrits, de monuments, etc., à établir solidement quelque fait historique nouveau; tandis que le site de la célèbre Troie est encore l'objet de discussions animées, tandis que de bons esprits placent encore en Franche-Comté l'Alesia de Vercingétorix, que l'on discute aigrement la question de Bibracte, etc., nous avons vu jalonner les migrations des Aryens et des Touraniens; nous avons pu nous attendrir sur les misères de l'homme de l'époque quaternaire, mal nourri, mal vêtu, mal logé, et forcé par la famine à recourir à l'anthropophagie; il était, nous a-t-on dit, de la race mongole pure, d'autres disent mongoloïde. Puis les Aryas se sont mis en route, et bientôt le mélange des deux sangs créa les Celtibères, qui sont au nombre de nos ancêtres directs. On nous a appris qu'à l'époque du renne la population d'un de nos départements du centre devait être de un habitant par quatre kilomètres carrés, et nous avons eu l'extrême satisfaction de connaître l'année du XX° siècle avant notre ère à laquelle remonte la domestication du cheval !

Voilà quelques-uns des résultats de la science préhisto-rique. Des citations de ce genre pourraient être multipliées sans peine, chaque fouilleur heureux ayant voulu apporter sa pierre à ce facile travail.

Fruits de l'imagination et d'un enthousiasme irréfléchi, ces illusions se seraient dissipées d'elles-mêmes, et la critique n'aurait pas eu à s'en occuper si elles n'avaient pas tenu à un genre d'investigations qui paraissait offrir à l'école du naturalisme des ressources précieuses. Les chercheurs de silex furent **enchantés** de croire que leurs petites décou-vertes datent de loin ; ils se prêtèrent de bon gré à ce qu'on attendait d'eux et fournirent, souvent sans en avoir conscience, « *l'irrésistible démonstration de l'antiquité de l'homme.* » On proclama alors *la certitude acquise que l'humanité devait compter son existence par milliers de siècles et non plus seulement par milliers d'années.*

Cette profondeur d'antiquité ouvre un large champ à la doctrine du transformisme, d'après laquelle l'origine de l'homme se rattache d'abord à celle des mammifères simiens, et, d'une manière plus lointaine, à celle des vertébrés inférieurs.

En mettant en commun la science de l'évolution et celle des préhistoriques, on forma un système auquel on ne reprochera assurément pas de n'être pas complet. En voici les traits principaux :

« L'idée d'une force immatérielle créant d'abord la matière
» est inconciliable avec la science humaine; la création n'a
» pu être l'œuvre d'un créateur agissant conformément à un
» plan. La matière seule est éternelle, et toutes les formes
» de la nature ne sont que des produits des forces naturelles.
» Chaque espèce animale ou végétale est l'expression tran-
» sitoire d'une phase de l'évolution mécanique de la matière.

» L'homme dérive directement, à travers une vingtaine
» de degrés d'évolutions, d'un grumeau mucilagineux,
» mobile et amorphe, forme de substance carbonée albu-
» minoïde. Ce grumeau, qui est l'organisme le plus simple
» qu'on puisse imaginer, est appelé *monère.* Il existe
» encore en immenses quantités des monères au fond de la

» mer. Les monères naquirent par génération spontanée,
» puis se reproduisirent, et, par évolutions successives,
» se développèrent jusqu'à produire les vertébrés inférieurs,
» les prosimiens, les singes catarrhiniens, les anthropoïdes;
» puis, l'homme primitif privé de la parole, et enfin, au
» commencement de la période quaternaire, l'homme
» parlant [1].

» Issu de l'animal, l'homme n'a acquis qu'à la longue
» l'expérience qui l'a rendu maître de la nature; ses pre-
» mières armes ont été ses ongles et ses dents, des branches
» d'arbres et les pierres du chemin. C'est sur ce terrain
» que la théorie de l'évolution se rattache à la science
» préhistorique, qui, elle, a cru découvrir des traces monu-
» mentales de cet état de choses ou du moins de celui qui
» l'a immédiatement suivi et qui se caractérise par un pre-
» mier travail grossier donné aux instruments de pierre;
» c'est la période paléolithique, dans laquelle on a essayé
» de faire des subdivisions. D'autres dépôts d'outils de
» pierre taillée contiennent des haches de pierre polie; on
» en a fait la période néolithique; on a créé de la même
» manière les âges du bronze et du fer préhistoriques, qui
» se suivent régulièrement, et le tout forme une succession
» chronologique qui permet au plus mince observateur de
» dater les objets de ses trouvailles sans qu'il soit besoin
» de se préoccuper de l'histoire. »

La première partie de ce système, celle qui regarde
l'origine de l'humanité, est fondée sur l'axiome que l'idée
d'un créateur est inconciliable avec la science; que l'action
d'une puissance surnaturelle n'est pas nécessaire pour
l'explication des faits; que si par hasard quelques faits
semblent échapper à l'observation et à l'analyse, il ne faut
pas admettre qu'*un créateur serait intervenu capricieuse-
ment sur un seul point, quand d'ailleurs tout marche sans
sa coopération !!!* Puis la théorie darwinienne de la descen-

---

[1] Ce résumé est puisé dans l'*Histoire de la création des êtres organisés*
par Ernest Hæckel, professeur à l'université d'Iéna, traduction de Ch.
Létourneau.

dance des êtres organisés n'est-elle pas une vérité indiscutable? N'a-t-elle pas dit le dernier mot et peut-elle donner prise à la moindre objection?

C'est avec cette assurance que parlent les apôtres du matérialisme, et l'on croirait vraiment que tous les voiles se sont levés pour eux. Il n'en est point ainsi cependant, et ils en conviennent en bons termes : « En expliquant les plus » simples phénomènes physiques ou chimiques, nous nous » heurtons, après avoir découvert et constaté les causes » efficientes, soit la pesanteur, soit l'affinité chimique, » à d'autres phénomènes plus lointains encore, et qui dans » leur nature intime sont des énigmes..... Ne l'oublions » jamais, l'entendement humain est absolument limité; son » champ d'action n'a qu'une étendue relative.

« L'expérience sensuelle est la source de toutes nos » connaissances, et jamais nous ne pouvons aller au fond » réel d'un phénomène quelconque. La force de cristallisa-» tion, la pesanteur, l'affinité chimique demeurent, dans leur » essence, tout aussi inintelligibles pour nous que l'hérédité » et l'adaptation. »

Tout l'échafaudage du transformisme repose sur la création spontanée de la *monère*, c'est-à-dire de l'organisme le plus simple; or, même pour nos matérialistes convaincus, c'est là une pure hypothèse; ils proclament que la génération spontanée n'a pas été démontrée par l'expérience. Il se pourrait, disent-ils, que ce qui n'est plus possible aujourd'hui se fût produit à une époque où les immenses quantités de carbone existant dans l'atmosphère ont pu se prêter à la spontanéité de la naissance des êtres.

La chaîne de l'évolution débute donc par cette hypothétique monère de création spontanée, à partir de laquelle les organismes de tous les groupes se sont progressivement perfectionnés par voie d'adaptation, sélection, lutte pour l'existence, etc. Le tableau généalogique des groupes est dressé avec une autorité dogmatique que rien n'égale : tout y est affirmé comme étant démontré, évident, manifeste. Cependant, dans l'exposition de la série, on ne rencontre que des faits présentés comme *probables*, *vraisemblables*, *hypothèses*

satisfaisantes, etc., etc., ce qui n'empêche pas l'apôtre de
cette étrange doctrine de ne parler qu'avec une espèce de
vénération de nos ancêtres de l'époque silurienne, les
premiers poissons, des sozobranches, nos plus anciens
ancêtres amphibies, et ainsi de suite.

Jusqu'à présent, on le voit, nous sommes toujours sur le
terrain de l'hypothèse ; on nous avoue « que les archives
» archéologiques sur lesquelles repose cette histoire de la
» création sont dans un état d'extrême imperfection et qu'il
» y existe une lacune des plus grandes et des plus regretta-
» bles, tenant à ce que les formes animales intermédiaires
» qui reliaient entre elles les bonnes espèces ne se main-
» tiennent ordinairement pas. » Pour former une série qui
satisfasse tant soit peu un esprit méthodique, on a été obligé
d'imaginer des degrés intermédiaires en assez grand nombre.
Voici un exemple : *Les* SOZOURES, *qui ont perdu dans l'âge
adulte les branchies dont ils étaient munis dans leur jeunesse ;
la preuve de leur existence ressort de la nécessité de ce type
intermédiaire entre le 13e et le 15e degré.* Le 15e degré est
constitué par les PROTAMNIOTES, autre type hypothétique. Le
16e degré n'est pas moins hypothétique ; il est formé des
PROMAMMALIENS, qui virent se transformer les écailles épider-
miques en poils : trois types imaginaires consécutifs !

Voilà, on en conviendra, une théorie scientifique singulièrement assise ; et n'a-t-on pas eu bien raison de dire que
les hommes qui se prétendent voués au culte exclusif de la
méthode expérimentale dépassent aujourd'hui en témérité
les métaphysiciens les plus intrépides.

Cette absence des échelons intermédiaires ne laisse pas
d'embarrasser quelque peu nos théoriciens ; ils hasardent
une explication : les espèces transitoires n'étaient pas,
disent-ils, constituées pour persister comme les bonnes
espèces ; d'ailleurs la lutte pour l'existence est d'autant plus
acharnée entre deux formes parentes qu'elles sont plus voisines l'une de l'autre. Que devient avec cela la loi du perfec-
tionnement continu et progressif ? Puis, que l'homme ait tué
l'homme-singe et l'anthropoïde, ou que ces espèces soient
mortes naturellement, leurs squelettes ont-ils été plus complétement anéantis d'une manière que de l'autre ?

J'énumérais dans mon livre les fossiles délicats que les couches de l'écorce terrestre nous ont conservés : des fruits, des fleurs, des feuilles, un monde d'animaux de toute espèce, de légers insectes, les empreintes des pas des oiseaux, etc. Vous citez à votre tour les gouttes de pluie et les vagues fossiles, et, de plus, *les âmes fossiles*, et c'est là, Monsieur, une très belle image dont je vous ferais compliment si vous donniez au mot *âme* le même sens que moi. Je disais, et je dis de plus fort aujourd'hui, que nous avons le droit d'exiger la production des fossiles de toutes les espèces par vous supposées, surtout ceux de l'homme-singe et du prosimien. Si M. Haeckel ne donne qu'une vingtaine de mille années à la période quaternaire, il reporte cependant l'origine de l'homme à des millions d'années, et il ne peut faire autrement, puisqu'il pose en principe que les périodes nécessaires à la transformation des espèces ne peuvent s'évaluer qu'en milliers de milliers d'années. Plus l'homme a été voisin de l'animal, plus il a eu la charpente solide ; la disparition complète, sans restes fossiles, de races animales évidemment plus résistantes que des gouttes de pluie et ayant duré une longue série de siècles, est un fait impossible. Si on ne les retrouve pas, c'est que ces races sont purement imaginaires. M. Haeckel ne s'illusionne pas sur la valeur de cette objection ; seulement il soulève à la place de l'Océan indien un continent sur lequel l'homme se serait dégagé de la forme simienne anthropoïde ; il faut donc aller chercher au fond de la mer les fossiles réclamés. Voilà une solution commode de la difficulté !

Vous la trouvez peut-être un peu trop commode vous-même, car vous avez découvert, non pas les fossiles, mais les œuvres du *précurseur de l'homme* dans les silex provenant des fouilles de M. l'abbé Bourgeois à Thenay. Ces silex appartiennent certainement à des couches tertiaires. M. l'abbé Bourgeois les attribue nettement à l'homme, mais en faisant de sages réserves quant à l'extrême antiquité que pourrait faire supposer leur gisement géologique. Vous, Monsieur, lorsque je vous ai exprimé mes doutes à propos du travail de ces silex par des mains humaines, vous avez reconnu

avec moi que ce point pouvait paraître contestable si ces
pierres étaient l'œuvre de l'homme, mais que toute difficulté
disparaît s'il s'agit de la forme animale qui a précédé l'homme.
Dans votre dissertation, lue le 22 août 1873 devant le Congrès
de l'Association française tenu à Lyon, vous concluez de
même que ce n'est pas *l'homme* mais le *précurseur de
l'homme* qui a taillé les cailloux de Thenay. Ce sont les lois
de la paléontologie qui vous obligent à constater cette dis-
tinction ; en effet, dites-vous, depuis l'époque du calcaire de
Beauce la faune mammalogique a changé au moins trois
fois, et il serait contraire aux lois de la paléontologie que
l'homme seul fût resté invariable. Ce raisonnement paraîtra
peut-être convainquant à ceux qui prennent l'homme pour
un animal. Mais passons, et contentons-nous de faire remarquer que l'examen du travail des silex en question ne vous
démontre plus qu'ils doivent être attribués à un animal
inférieur à l'homme. Quelques-uns des membres du Congrès
ont même soutenu l'opinion qu'ils constituent une industrie
moins pauvre et montrent un homme moins sauvage qu'à
l'époque quaternaire ; c'est affaire à régler entre vous.

M. l'abbé Bourgeois a joint à sa communication au
Congrès universel de Bruxelles deux planches représentant
douze des silex les plus caractéristiques provenant de ses
découvertes. Autant qu'il est possible d'en juger par les
figures, on ne s'étonne pas que, la question ayant été
soumise à l'appréciation d'une commission, les voix se
soient partagées, et que des autorités aussi respectables
que M. Desor et M. Virchow aient nié toute taille inten-
tionnelle. Un travail bien utile aujourd'hui consisterait à
étudier avec soin et indépendance les formes variées des
roches de toute nature brisées par des chutes, par des chocs
accidentels, éclatées par l'action du feu, du froid, etc.
Une étude de ce genre un peu complète fournirait des points
de comparaison qui arrêteraient probablement certains inves-
tigateurs sur la pente d'hypothèses hasardeuses. Lorsqu'on
parle, par exemple, de flèches, de couteaux, de haches,
etc., en calcaire taillé à éclats, je crois qu'on est le jouet
d'une pure illusion ; j'ai vu recueillir à **Chassey** et à **Auxey**

des éclats de calcaire simulant des formes intentionnelles; j'en ai rencontré en plus grand nombre (j'en ai conservé quelques-uns) sur les berges de la Saône, au milieu de la pierraille provenant du déchargement de bateaux de pierre murense; des couteaux à deux et trois enlevages longitudinaux n'ont pas d'autre origine que le choc de deux moellons tombés l'un sur l'autre.

L'un des types les plus fréquents dont ait parlé M. l'abbé Bourgeois consiste en rognons irréguliers terminés en pointe courte mais aiguë; de petits éclats semblent avoir été enlevés de chaque côté de la pointe. Voici la pièce la plus remarquable d'après le dessin qui en a été publié et qui en montre les deux faces :

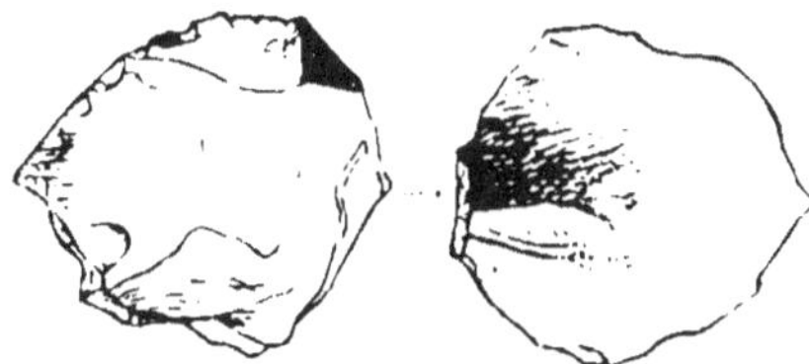

Je puis placer à côté, au moins comme singularité d'éclatement par choc accidentel, un assez grand nombre de nodules *ubériformes*, tous munis d'un mamelon, et produisant parfaitement l'apparence d'un travail d'art. J'en figure ici trois :

Ces singuliers éclats proviennent des silex de la craie dont on trouve un gisement près du village de Germolles; on les recueille quelquefois dans les chemins sur lesquels les cultivateurs ont jeté l'épierrage de leurs vignes, mais plus souvent dans les tas de silex cassés pour l'entretien de la route. D'autres éclats simulent des grattoirs; cette dernière forme se produit toutes les fois que le plan d'éclatement coupe une surface arrondie, ce qui doit arriver fréquemment dans les nodules caverneux de Thenay. Les pointes et les couteaux accidentels ne sont pas rares, mais il en est autrement de l'apparence du travail en retouche. Je n'en ai trouvé qu'un seul spécimen près de Volgu, dans les silex cassés pour l'entretien de la route de Digoin à Gueugnon; il consiste en un petit bloc de silex à base large, facile à saisir avec la main et terminé en carène tranchante, ayant à droite et à gauche des encoches très-sensibles, qui se suivent et alternent régulièrement. J'ai recueilli des instruments de silex absolument semblables dans les stations archéologiques de Charbonnières, de Germolles et de Rully. Ils sont du reste bien connus; on les considère comme marteaux à fendre longitudinalement les os longs à moelle, et en effet ils sont parfaitement disposés pour cet usage.

Pour les personnes qui ne peuvent aller faire de fouilles à Thenay, il y a au Musée de St-Germain un excellent moyen d'étudier les silex de cette localité; vous auriez bien pu en dire quelques mots. Il s'agit d'un grand meuble à tiroirs où l'on a déposé les résultats d'une fouille à fond faite au milieu du banc des silex, objet de tant de controverses. Le savant distingué qui a eu l'obligeance de les soumettre à mon examen, m'a fait remarquer l'enchaînement de la série depuis le nodule brut, informe, jusqu'à ceux qui semblent présenter des traces de travail humain; ce savant est, je crois, de ceux auxquels vous épargnerez votre *quos ego*. Ce sont des collections de ce genre que je recommandais tout à l'heure comme élément d'étude; celle-ci n'est pas exposée dans les salles du Musée.

Vous ne me contredirez pas, vous qui parlez au nom de la méthode expérimentale, lorsque je prétends qu'il est indispensable d'attendre des observations nouvelles et plus concluantes en ce qui concerne l'homme ou l'anthropoïde tertiaire. Pour les côtes d'halithérium, qu'on croyait d'abord avoir été incisées par la main de l'homme, il a été démontré plus tard que les incisions étaient l'œuvre d'un squale. Vous avez vous-même débarrassé le terrain de toutes les autres observations tendant à démontrer l'existence de l'homme tertiaire. Si ceux que vous contredisez ne réclament pas, il ne subsiste plus que les faits signalés par M. l'abbé Bourgeois et non unanimement admis; nous en attendrons la confirmation.

Mais vous, Monsieur, vous y croyez fermement, et vous ne nous envoyez pas chercher dans les profondeurs des océans les restes de l'animal qui a donné naissance à l'homme; permettez-nous donc de garder nos opinions jusqu'à ce que vous nous ayez montré ces restes. La question n'est d'ailleurs pas moins intéressante pour vous que pour nous; car, si les silex de Thenay ont été travaillés par l'homme, vos lois paléontologiques sont renversées, et, si c'est par un animal anthropoïde, vous devrez convenir que cette quasi-brute, qui savait allumer le feu pour faire éclater ses silex, avait dans sa vie habituelle besoin d'instruments assez délicats, de grattoirs pour dépouiller les peaux, de poinçons pour les coudre, etc. En quoi était-il donc inférieur aux Sauvages de l'Australie, dont certaines tribus n'ont pas su jusqu'à présent tailler le silex et ne possèdent ni armes ni outils ? C'est ce que nous montreront les fossiles de cet être ambigu et de ses prédécesseurs, qui, selon les grands pontifes de votre doctrine, ont employé des millions d'années de sélection et d'adaptation pour se transformer en hommes, et que *l'homme a tous détruits jusqu'au dernier*, mais en épargnant ses cousins issus de germains, les gorilles, les orangs, les chimpanzés et les gibbons. Comme cette doctrine est expérimentale! Nous avons sur ce point le précieux aveu de M. Hœckel: *Notre phylogénie ne peut indiquer que les grandes lignes de l'arbre généalogique du genre humain, et elle court d'autant plus de risques de se égarer qu'elle veut serrer de plus près les détails et faire entrer en scène les types géologiques connus*[...]

Il est en effet à craindre que l'expérience ne donne à la théorie du transformisme de terribles démentis, si elle s'éloigne trop de l'abstraction; c'est le cas de la linguistique appliquée à ce même ordre de recherches lorsque, s'approchant des langues connues, elle s'expose à devenir saisissable par la critique.

L'homme issu de l'anthropopithèque réside encore dans le domaine des plus vagues hypothèses, et c'est sur cette hypothèse que repose l'enchaînement des âges préhistoriques; car si, au lieu de tout attribuer au développement des forces de la nature, dont les archives sont en si mauvais état, et de n'expliquer par là aucune des causes premières, nous admettons l'intervention d'un Créateur qui aurait établi ces lois et en réglerait incessamment l'application, nous ne pouvons plus guère poser en principe le fait du dénûment et de la barbarie originelle du premier ou des premiers hommes. En animant l'être humain dépourvu de griffes, d'ongles rétractiles et de dents redoutables, en le laissant nu au milieu d'ennemis protégés par un cuir épais et de chaudes fourrures, le Créateur l'aura armé contre les périls sans nombre dont il était forcément menacé à chaque pas. Dès son apparition sur la terre, il a été le maître des autres créatures; malgré sa faiblesse relative, il a vaincu les fauves les plus terribles; il s'est emparé des colosses du règne animal pour se nourrir de leur chair et se couvrir de leurs peaux; il a su atteindre les oiseaux dans l'air et les poissons dans l'eau.

Dans cette autre hypothèse, qui fait encore, malgré vous et les vôtres, l'objet de la foi du genre humain, il n'y a plus nécessité de supposer un état de sauvagerie initiale. Si le Créateur n'a pas enseigné aux premiers hommes l'art de fondre le minerai, il les avait dans tous les cas suffisamment armés pour résister aux ennemis les plus dangereux, et de cette initiation première, qu'il ne nous est pas donné de mesurer, jusqu'à la connaissance des métaux, il a pu ne pas s'écouler de bien longs siècles. L'histoire, nous l'avons dit tout à l'heure, ne remonte pas très-haut dans le passé sans se perdre dans l'obscurité des temps fabuleux; elle nous a conservé des traditions des temps héroïques, d'une époque de demi-dieux, où dominent le merveilleux et l'impossible, mais nulle part il n'est question d'un âge de la pierre qui aurait été le début de l'existence de l'homme sur la terre. On peut, en Égypte, suivre pendant près de 6,000 ans les traces de l'histoire positive; mais, au-delà de Ménès, les rares documents que nous possédons mentionnent les temps des Sheson-Hor (*suivants d'Horus*) intimement liés aux événements mythologiques. Ces Sheson-Hor connaissaient la navigation, les métaux, etc., etc. Le déluge par lequel le dieu Phra (le Soleil), irrité des crimes des hommes, détruisit l'humanité tout entière, est rapporté à une date de beaucoup antérieure à l'origine du mythe osiridien [1]. Cette humanité anéantie par son créateur avait depuis longtemps abusé des dons de Dieu ou des ressources de la nature; elle n'en était plus à lutter avec des cailloux, taillés ou non, contre les animaux féroces pour leur disputer leur proie. Dans le récit assyrien du déluge, raconté par des tablettes de la bibliothèque de Sardanapale, on voit que l'homme enseveli sous les eaux par la volonté de Dieu possédait déjà des trésors d'argent et d'or, savait construire des navires, se servait de chars ornés de métaux précieux, etc. Xisuthrus, le héros du déluge de Bérose, sut construire un vaisseau de cinq stades de long sur deux de large; il avait écrit une histoire de l'origine et de la fin de toutes choses, qu'il cacha dans la ville du Soleil, à Sippara.

Quels faits véritablement historiques sont au fond de ces légendes? Je l'ignore; mais il n'en est pas moins bien démontré que les traditions humaines, qui partout ont conservé le souvenir d'époques fabuleuses, d'événements surnaturels, ne mentionnent en aucune manière ces longues périodes d'état sauvage par lesquelles l'humanité aurait débuté sur la terre; il serait dès lors logique de croire cette sauvagerie encore antérieure aux âges fabuleux, et alors on

[1] La découverte ... d'un ... le ... mythe ... égyptien ...
[2] M. Naville, de Genève, ... N'a ... pas encore été ...

conçoit la nécessité d'admettre des milliers de siècles au lieu de milliers d'années.

Mais cette théorie des longues périodes d'état sauvage doit être prouvée par l'étude des stations appelées préhistoriques : cavernes à ossements , emplacements de foyers , de campements, abris sous roche, terramares, cités lacustres. Si donc cette étude venait à laisser apercevoir que non seulement ces stations ne sont pas nécessairement de date très reculée , mais encore que la plupart d'entre elles, celle de la pierre polie , par exemple, rentrent avec la plus grande facilité dans les limites de l'histoire ; que, d'une autre part , celles-ci se rattachent par des échelons très saisissables à celles qui sont caractérisées par la première faune quaternaire, que resterait-il donc pour asseoir un peu solidement votre science nouvelle ?

Mon livre a eu pour objet d'exposer ces points de doute en regard de la surprenante assurance des novateurs. Il a démontré que les flottes égyptiennes ont fréquenté les îles et les rivages de la Méditerranée plus de 3000 ans avant notre ère ; que conséquemment , en admettant que les populations contemporaines ne connussent alors que les outils de pierre et d'os, elles ont pu voir et toucher les instruments et les armes de métal dont les avantages n'ont pas manqué de les frapper. Dès-lors elles ont cherché à se les procurer ; le commerce les en a d'abord lentement approvisionnées, mais bientôt elles ont appris à fondre le bronze et le fer et se sont suffi à elles-mêmes pour la fabrication de leurs armes et de leurs outils ; elles ont quelquefois imité les modèles de leurs initiateurs , mais souvent aussi elles les ont modifiés d'après leurs instincts artistiques, et ont même créé des modèles nouveaux.

La marche de l'importation étrangère et celle de la connaissance des procédés industriels dans l'intérieur de l'Europe et jusqu'aux régions septentrionales ne nous est pas connue ; elle n'a certainement pas progressé uniformément sur toute la superficie du territoire, mais a suivi les bords des fleuves, les routes naturellement ouvertes au travers des chaînes de montagnes, et il a dû souvent arriver que le courant civilisa-

leur ait laissé subsister, non loin de ses étroites rives, l'usage
des instruments de pierre et d'os ; ce courant a d'ailleurs
subi forcément de longues et fréquentes interruptions, et
des cas semblables à celui du Groënland, revenu à l'âge de
pierre après la destruction des premières colonies scandi-
naves, ont dû se répéter fréquemment ; certaines stations où
l'on ne trouve pas de métal peuvent être notablement plus
récentes que d'autres stations où se rencontrent le bronze et
le fer. Si l'on trouvait sur les bords du Rhône ou de la
Saône, par exemple, quelques-uns des magnifiques vases
phéniciens du XVII° siècle avant notre ère, en or, en argent,
en bronze, en terre cuite richement ornée, je ne sais auquel
de vos âges vous les rapporteriez, mais pour ma part je
les regarderais comme antérieurs de trois ou quatre siècles
à la poterie dite néolithique de Chassey. Si ce n'est là qu'une
supposition, elle s'appuie tout au moins sur des faits parfaitement historiques [1], et l'hypothèse d'aujourd'hui peut devenir
demain une réalité.

Il est tout naturel de penser que durant une période
assez longue le métal a commencé par être fort rare, et que
l'usage des outils de pierre a dû se maintenir très longtemps
en concurrence avec ceux de bronze et de fer dont le prix
n'était pas à la portée de tous. Il n'aurait pu y avoir transition
brusque et absolue qu'en cas de conquête et d'anéantissement de race. Ces cas ne se présentent pas souvent dans le
cours de l'histoire de l'humanité ; il reste toujours des débris
du peuple vaincu qui ne s'absorbent complètement dans la
race victorieuse qu'après de bien longs siècles. Les Romains
ne paraissent pas avoir fait usage d'outils de silex, mais
l'Empire romain a compris des populations qui s'en sont
servies presque jusqu'à sa chute, et c'est pour ce motif qu'on
trouve si souvent ces sortes d'outils associés aux métaux
jusqu'à l'époque mérovingienne.

Quels ont été les débuts de l'homme sur la terre ? De quelle

---

[1] L'influence de la poterie phénicienne et égyptienne a été constatée sur
des vases préhistoriques trouvés dans notre département. Ce fait n'a pas
encore été publié.

manière s'est-il répandu sur les continents et dans les îles ? L'état sauvage, qui est encore si abondamment représenté à notre époque, est-il un reste de la barbarie primitive ou le résultat d'un abâtardissement postérieur ? Où a débuté la civilisation ? Peut-on en tracer la marche à partir d'un foyer primitif ? Si l'on était à même de répondre à ces questions d'une manière précise en se fondant sur des observations vraiment sérieuses, on arriverait à ce système coordonné et embrassant tous les faits que quelques bons esprits recherchent et que l'état actuel de la science ne nous permet pas d'établir. Au lieu de systématiser, il faut à présent se dépouiller de tout esprit de système, de tout fanatisme de théorie, recueillir et classer des faits bien observés et bien étudiés, et s'en remettre à l'avenir du soin d'élever un édifice dont les idées exagérées de votre école ont pour le moment bouleversé les fondements.

Mon livre n'a donc pu avoir pour objet de présenter l'ensemble d'un système, mais seulement d'établir un grand nombre de faits, de contrôler un grand nombre d'allégations hasardeuses, de déraciner une foule d'exagérations. Mes conclusions ramènent la chronologie, sinon dans les strictes évaluations habituellement fondées sur les données bibliques, au moins dans des limites ne modifiant pas notablement les idées vulgairement admises jusqu'à présent. Le Livre sacré demeure d'ailleurs en dehors de ma thèse ; je suis d'avis qu'il faut en laisser l'interprétation et l'adaptation à la science, aux soins exclusifs de ceux qui ont mission de l'expliquer ; l'intervention des laïques en cette matière ne saurait avoir de bons résultats. Mais tout laïque a le droit et le devoir de s'élever contre le matérialisme, contre la doctrine qui fait de l'homme un animal, et de l'âme un jeu d'organes se dissolvant avec la cessation de la vie de l'organisme.

VI

Le livre de M. Chabas, dites-vous à la fin de votre petit pamphlet, ainsi que ceux des deux ministres du culte que vous démolissez en même temps, *rentrent dans cette grande catégorie d'écrits qui, d'après un homme de beaucoup d'esprit, M. le cardinal de Bonald, archevêque de Lyon, sont d'autant plus remarquables qu'ils réussissent à compromettre tout à la fois la science et la religion.* Les savants diront en quoi j'ai compromis la science, moi qui la cultive avec un désintéressement qui ne peut être méconnu de personne, et qui ai, j'ose le dire, acquis quelque crédit dans le monde de l'érudition ; ils diront aussi si vous n'en violez pas vous-même les règles lorsque vous attaquez ainsi *per fas et nefas* un ouvrage tel que le mien. Quant aux hommes religieux, ils riront bien certainement de la candide piété qui vous porte à faire appel à l'autorité de M. de Bonald, et penseront unanimement que vous avez agi avec prudence en attendant pour mettre en cause cet illustre prélat que sa voix fût étouffée dans le silence de la tombe.

Mais enfin quelle est donc la science au nom de laquelle vous parlez ? Est-ce celle de Buffon, qui a signalé bien longtemps avant Darwin l'influence de l'action de l'homme dans la grande variété des pigeons de volière ? Est-ce celle de Pascal ? Est-ce celle de Cuvier, l'un des plus grands génies du XIX⁰ siècle ? celle de Faraday, de La Rive, d'Élie de Beaumont ? Mon dieu, non ! tous ces hommes étaient profondément convaincus de l'existence d'un Créateur, et personne ne s'avisera de les suspecter d'avoir accepté le schisme du transformisme. Serait-ce celle de Châteaubriand, de Lamartine, ou au moins celle de Victor Hugo ? Pas davantage ; ces grands poètes ont tous rendu à l'immortalité de l'âme un hommage éclatant. Ce n'est pas non plus celle d'Agassiz, qui a écrit cette grande et solennelle vérité : *Les partisans des transformations indéfinies n'ont rien ajouté à notre connaissance de l'origine de l'homme et des animaux ; nulle découverte, nul fait nouveau ou encore inaperçu...* Ce n'est point, nous l'avons vu, la science de M. Dumas, de l'Académie des sciences ; ce n'est pas celle d'un autre naturaliste du même corps savant, M. Émile Blanchard, qui a serré de près la discussion, et proclame cette conclusion évidente : *Que Darwin lui-même a fourni des preuves sans nombre du retour constant à la nature*

*primitive des espèces animales déformées par la main de
l'homme.* Sans aller plus loin, je crains déjà, Monsieur, que
votre provision de brevets d'ignorance et d'absurdité ne s'épuise
si vous en voulez gratifier tous les adversaires de vos idées !

La science au nom de laquelle vous parlez est celle de
Darwin et de quelques prophètes de Darwin, de Hæckel en
particulier. Votre dévouement, votre zèle ont fait leurs
preuves ; nos lecteurs en conviendront sans peine. Vous
n'avez pas marchandé votre assistance. Cependant vous
n'avez pas encore mérité l'honneur d'être mis au nombre des
oracles accrédités ; du moins ceux-ci ne semblent pas vous
connaître et dédaignent de vous citer. Ils vous laissent pour
compte votre précurseur tertiaire de l'homme, qui n'a trouvé
de partisans que parmi les organes de la linguistique, encore
une science nouvelle qu'on reconnaît n'avoir rien de commun
avec l'étymologie non plus qu'avec la philologie ! Parmi les
soldats les plus déterminés de l'armée dont vous faites partie,
il en est qui ont paru sérieusement redouter la découverte
des restes fossiles de l'homme tertiaire de Thenay, *parce
que cette découverte conduirait à des déceptions, ces restes
pouvant très bien ne différer de ceux de l'homme actuel que
dans la même minime proportion que le crâne de Neanderthal
et la mâchoire de la Naulette,* ces deux vieilleries de votre
magasin d'accessoires, réduites à néant, l'une par M. Virchow,
l'autre par M. Prüner-Bey, et qu'il faut d'ailleurs apprécier
d'après les principes salutaires en matière de craniologie
posés par M. le docteur Broca dans l'une des séances du
Congrès de l'Association française tenu à Lyon en 1873 : Un
argument *presque* décisif, a dit ce savant, pourrait être
tiré seulement d'une série nombreuse, par exemple d'une
centaine de crânes, etc.

Vous voyez que sur un grand nombre de points mes
opinions ont de puissants soutiens, même dans les rangs de
vos amis. Dans quel sens d'ailleurs se manifeste le progrès
de la science depuis l'apparition de la première édition des
Études sur l'antiquité historique ? Je vais vous en signaler
un indice.

Vous savez avec quelle assurance a été proclamée au

Congrès universel d'archéologie préhistorique tenu à Paris en 1867 « *la certitude que l'existence de l'homme sur la terre* » *doit se compter par milliers de siècles et non par milliers* « *d'années.* » Or, dans une discussion amicale, j'ai eu l'occasion de reprocher cette assertion à son auteur, et j'ai eu l'extrême satisfaction d'entendre « *the herald of the* » *selfsame mouth,* » comme dit Byron, me répondre avec une brusquerie charmante : *Qui donc a dit pareille absurdité ?*

Faisant application des principes que j'ai exposés dans mes *Études sur l'antiquité,* j'ai rapporté (dubitativement, car il n'est pas possible d'être affirmatif en pareille matière) au deuxième millénaire avant notre ère les beaux silex de Volgu, qui sont de l'époque solutréenne, c'est-à-dire de celle du renne encore associé au mammouth, et, à ce propos, vous m'écrivez « *que vous constatez avec grand plaisir que* *nous nous rapprochons l'un de l'autre pour ce qui concerne* *l'époque de la pierre en France.* » Si nous nous rapprochons pour la chronologie des âges de la pierre, si comme moi vous les faites descendre jusque dans le cadre de l'histoire, il me semble que nous sommes d'accord au fond, et je comprends de moins en moins l'animation que vous avez montrée contre mon ouvrage et mes idées.

La théorie du transformisme, du progrès continu, et vos idées sur l'histoire de l'humanité d'après cette théorie ne reposent, en définitive, que sur de hardies hypothèses que les faits ne cessent pas de démentir. Vos maîtres ont reconnu le danger qu'il y avait pour eux à serrer les détails et à faire entrer en scène les types géologiques connus. Une théorie de ce genre est-elle fondée à hausser le ton et à s'imposer d'autorité en traitant d'ignare quiconque demanderait des preuves ? Comment, lorsque les sciences naturelles font comme un retour sur elles-mêmes, lorsqu'on met en question les lois de la gravitation, lorsqu'on proclame l'incertitude des transitions entre les époques géologiques, lorsqu'on conteste le parallélisme des formations, lorsqu'on parle du renversement total de l'axiome *tels fossiles, tel terrain,* lorsque la théorie du feu central de notre globe est combattue par de bonnes raisons, lorsque celle des volcans est reconstruite sur des bases nouvelles ; comment, lorsque de toutes parts on demande à grands cris de la lumière, toujours plus de lumière ; comment, dis-je, pouvez-vous nous ordonner de nous agenouiller devant votre idole, dont vous nous confessez les vices et les difformités, et de brûler à ses pieds tout ce que nous avons adoré jusqu'à présent ?

Nous attendrons que vous nous présentiez votre déesse sous un jour un peu plus complet ; vous trouverez sans doute tôt ou tard assez d'acide carbonique pour faire une monère, et puisque la monère a évolué toute seule en amide, synamide, planéade, etc., etc., nous comptons qu'entre les mains de l'homme, *si puissantes pour favoriser l'évolution*, il sera facile de passer de la monère à ces degrés supérieurs. Mettez-y de la patience, nous en mettrons aussi ; s'il vous faut des millions d'années, nous attendrons des millions d'années. Pendant cet intervalle vous chercherez au fond des océans ou ailleurs les échelons qui vous manquent pour arriver jusqu'à l'homme ; et, puisque le Créateur est un rouage inutile dans la nature, vous aurez le temps de souffler dans les narines de quelque singe le *rouah' aïim*, ce souffle de vie qui crée l'intelligence et le raisonnement et qui, jusqu'à ce que vous l'ayez trouvé expérimentalement, restera pour nous comme un abîme infranchissable, incommensurable, entre l'homme et la brute.

VII

On conçoit sans trop de peine le sentiment de curiosité qui fait de quelques personnes instruites des prosélytes de l'idée nouvelle ; de notre temps Joseph Smith a bien pu former une école puissante et fonder l'état des Mormons, qui a encore une certaine vitalité. Mais il est bien plus facile de s'expliquer comment tant de gens, se souciant peu de l'étude et des données scientifiques, ont adopté d'emblée la théorie du transformisme ; elle offre un refuge assuré à quiconque est en guerre avec sa propre conscience ; tous ceux qui ont contrevenu gravement aux lois divines et humaines ont trop d'intérêt à croire à l'anéantissement de l'âme pour ne pas prêter l'oreille à la doctrine qui enseigne que tout meurt et se dissout avec le corps. Les dangers d'une telle doctrine ont été exposés plusieurs fois avec beaucoup de force; je n'insisterai pas sur ce point. Éprouvée par les plus grands revers qu'ait enregistrés son histoire, la France a besoin de se retremper dans l'exercice des vertus viriles, dans le sentiment du devoir; plus que jamais il lui faut de patriotiques citoyens. Or, les citoyens se forment d'abord dans la famille, puis dans la société; mais si la mort n'est que la fin d'un phénomène physique, si l'homme n'est que matière, s'il n'y a de droits et de devoirs qu'en vertu de conventions sociales sans cesse modifiables, que signifient ou que signifieront demain ces mots sacrés de devoir, famille, fraternité, patrie? La matière organisée se créant des règles de conscience serait absolument illogique; quel motif aurait-elle pour renoncer à une satisfaction sensuelle possible, quelle qu'elle soit et quel qu'en soit l'objet? Certains savants, enivrés par l'esprit du prosélytisme ou par le fanatisme de l'innovation, prétendent qu'ils s'ennobliront dans la contemplation de la dignité de la matière divinisée; mais si pareil cas se réalisait, il serait à coup sûr fort rare, tandis que la grande masse des adeptes ne verra que l'irresponsabilité finale, et agira à coup sûr selon ses appétits.

Une autre cause du succès apparent des doctrines de l'athéisme réside dans le regrettable malentendu d'après lequel on a fait de la religion l'adversaire de la science, de la liberté, de la démocratie. On l'a dit avec beaucoup de raison : *De nos jours le matérialisme le plus grossier est l'un des dogmes les plus chers à toutes les sectes révolutionnaires dans toute l'Europe aussi bien qu'en France.* Ce n'est point ici le lieu de rechercher l'origine de ce déplorable malentendu, qui menace la société tout entière. Dans les doctrines pour lesquelles vous combattez, je vois un très grand danger, et ce danger j'ai voulu le signaler et le combattre. C'est parce que vous soutenez la thèse contraire que vous m'avez pris à partie.

VIII

Mais rentrons dans notre sujet spécial. Vous, monsieur G. de Mortillet, conservateur-adjoint du Musée des Antiquités nationales à St-Germain-en-Laye, vous avez imprimé que mon livre était criblé d'erreurs et de fausses appréciations; qu'on ne pouvait lui accorder aucune confiance, qu'il ne supportait pas la critique, etc.

Je vous ai déjà fait observer que le succès de cette œuvre et les témoignages favorables qui en ont été rendus par des savants haut placés contredisent puissamment vos appréciations. Il est un de ces témoignages que j'ai réservé pour terminer; il émane de quelqu'un qui avait oublié de m'accuser réception de ce livre, longtemps sollicité par lui; il m'écrivait plus de huit mois après la réception de mon envoi : *Pour ce qui concerne vos* Études sur l'Antiquité, *je les ai parfaitement reçues et je suis fort étonné d'apprendre que je ne vous ai pas remercié. En tout cas, je les considère comme si importantes que nous avons fait l'acquisition d'un exemplaire pour notre bibliothèque du Musée, et cela par l'intermédiaire de la librairie Didier.*

Ce témoignage a une valeur spéciale en ce qu'il est donné par un fonctionnaire agissant dans l'exercice de ses devoirs officiels; or, ce fonctionnaire, c'est M. G. de Mortillet, conservateur-adjoint du Musée des Antiquités nationales à St-Germain-en-Laye.

J'ai fait justice de toutes vos accusations; il ne me reste plus qu'à vous remercier de votre favorable témoignage, et c'est ce que je fais avec une véritable satisfaction.

Chalon-s-S., *10 Mars 1875.*

F. CHABAS.

Note additionnelle. — Dans l'ouvrage que la présente publication a pour objet de défendre, j'ai eu à contredire quelques opinions de M. Adrien Arcelin, membre distingué de l'Académie de Mâcon, principalement en ce qui concerne la station de Solutré. M. Arcelin a discuté mes vues, et, tout dernièrement, il a résumé les points en discussion dans un Mémoire intitulé : *Études d'archéologie préhistorique. Paris, 1875.*

Revenant à des appréciations plus rapprochées des miennes, M. Arcelin dresse comme suit le tableau chronologique des âges dont les traces se laissent apercevoir sur les berges de la Saône :

Établissements gallo-romains   500 ans après Jésus-Christ.
Age de bronze. . . . . .   377 — avant
Age de la pierre. 1127   —
Marnes quaternaires corres-
pondant au minimum d'âge de
la station de Solutré. . . . . 4877 —   —

Je crois qu'il y a une erreur très forte dans la durée de près de 4000 ans attribuée à la pierre polie, et que, quant aux autres chiffres, il ne les faut accepter que sous de nombreuses réserves. Toutefois, ces chiffres, quelle qu'en soit la valeur scientifique, rentrent facilement dans les limites d'une chronologie rationnelle, et je n'ai nul besoin de les discuter. M. Arcelin se trompe lorsqu'il affirme que je ne connais rien sur la Saône que la station de Sables Rouges ; il se trompe encore lorsqu'il croit que les mesurages faits par lui sur les berges de la Saône de 1867 à 1870, et qu'il a détaillés, p. 10 à 18 de son Mémoire, peuvent se prêter à un calcul de moyennes ; les mentions mêmes de son résumé me prouvent à moi l'intervention de causes autres que les causes naturelles dans les niveaux relatifs d'un grand nombre de stations. On ne peut faire de moyennes sur des phénomènes d'ordres essentiellement différents.

En ce qui concerne la classification préhistorique que M. Arcelin continue à me reprocher de ne pas admettre, je crois que ce savant s'arrange lui-même de quelques accommodements avec ce dogme de l'École. Dans son tableau, que j'ai reproduit plus haut, il ne croit plus nécessaire de comprendre l'âge du fer. Toutefois on peut croire qu'il porte à l'an 377 avant notre ère le début de cette période, qui dans le nord scandinave aurait, d'après M. Worsaee, occupé entièrement les six premiers siècles de notre ère.

Le même M. Worsaee affirme que des fouilles faites en Asie-Mineure et en Égyple ont démontré l'existence d'une *civilisation de l'âge du fer* ayant régné plusieurs milliers d'années avant la naissance du Christ, et d'une civilisation de *l'âge du bronze* encore plus ancienne [1]. Voilà donc l'âge du fer bien reconnu à des intervalles chronologiques qui ne sont pas moindres de 4,000 ans! Je prends les points extrêmes, et je passe par-dessus la civilisation de la Grèce homérique, celle des débuts de Rome, celle des Étrusques, etc. Range-t-on définitivement ces civilisations dans l'âge du fer ou dans cet âge du bronze dont la légitimité a été contestée par des savants éminents ? Evidemment M. Arcelin a ses idées sur cette question ; s'il place la fin de l'âge de la pierre à l'an 1127 avant notre ère, il sait comme moi que l'âge du bronze, en admettant qu'il ait existé, et l'âge du fer préhistorique ont des dates bien plus reculées, et par conséquent, s'il nous donnait sa classification, ce ne serait pas sous la forme d'une échelle chronologique, et il arriverait alors que nous serions très probablement d'accord sur beaucoup de points, à propos desquels nos différends pourraient bien n'être que superficiels.

M. Arcelin a plus de confiance que moi dans les solutions proposées par l'anthropologie ; il ne s'étonnera pas toutefois que, en regard de l'importance donnée au squelette mis au jour le 23 août 1873 devant la Société française à Solutré, et présenté depuis lors comme pièce de conviction, je ne puisse m'empêcher de noter les réserves qui ont été faites, et notamment les circonstances : 1° Qu'il était placé dans une orientation exceptionnelle ; 2° Que les os

---

1 Worsaee : *La colonisation de la Russie et du Nord scandinave*, p. 127.

étaient en si mauvais état qu'on ne pouvait en tirer aucun parti pour l'étude. Si c'est en vertu de titres de ce genre que *l'accord s'est fait sur un certain nombre de points que l'on peut considérer comme acquis à la science*, mon honorable contradicteur me concédera bien le droit de conserver quelques doutes, à moi, qui suis habitué à certaines exigences d'analyse et de vérification. Je serais surpris que M. Arcelin eût lui-même une foi bien solide dans les conclusions de l'anthropologie, et, en particulier, dans les systèmes ethnologiques fondés sur l'étude des crânes dolichocéphales, mésaticéphales, brachycéphales et même très brachycéphales de la station préhistorique de Solutré, dans laquelle toute la série des formes crâniennes est représentée.

Chalon-s-S., imp. J. Dejussieu.